I0540502

Dr. Jaerock Lee

Meu Pai Lhes Dará Tudo O Que Pedirem Em Meu Nome

URIM
BOOKS

"Naquele dia vocês não me perguntarão mais nada. Eu lhes asseguro que meu Pai lhes dará tudo o que pedirem em meu nome. Até agora vocês não pediram nada em meu nome. Peçam e receberão, para que a alegria de vocês seja completa."

(João 16:23-24)

Meu Pai Lhes Dará Tudo O Que Pedirem Em Meu Nome
escrito por Dr. Jaerock Lee
Publicado pela Livros Urim (Representante: Kyungtae Noh)
73, Yeouidaebang-ro 22-gil, Dongjak-gu, Seul, Coréia
www.urimbooks.com

Todos os direitos reservados. Este livro ou partes dele não podem ser reproduzidos, armazenados ou introduzidos em um sistema de recuperação, nem transmitidos de nenhuma forma ou por nenhum meio (eletrônico, mecânico, fotocópia, gravação ou outro), para nenhuma finalidade, sem a prévia permissão expressa e por escrito da editora.

A menos que se tenha feito observação específica, todas as citações das Escrituras foram retiradas da Bíblia Sagrada, Nova Versão Internacional (NVI) ®, Copyright ©. Usado sob permissão.

Copyright © 2014 por Dr. Jaerock Lee
ISBN: 978-89-7557-940-0 03230
Translation Copyright © 2010 por Dr. Esther K. Chung. Usado sob permissão.

Anteriormente publicado em coreano pela Livros Urim em 1990

Primeira Publicação em julho de 2014

Publicado originalmente en coreano por Libros Urim, en 1990.

Editado por Dr. Geumsun Vin
Design de Editorial da Livros Urim
Impresso pela Yewon
Para mais informações, entre contato: urimbook@hotmail.com

Uma Mensagem Sobre Esta Publicação

*"Eu lhes asseguro que meu Pai lhes dará tudo
o que pedirem em meu nome."*
(João 16:23)

O cristianismo é uma fé em que as pessoas encontram o Deus vivo e experimentam Suas obras através de Jesus Cristo.

Uma vez que Deus é um Deus Poderoso, que criou os céus e a terra e governa sobre a história do universo, bem como a vida, a morte, a bênção e a maldição do homem, Ele responde as orações dos Seus filhos e deseja que todos eles tenham vidas abençoadas e prósperas.

Todo aquele que é verdadeiramente filho de Deus carrega consigo a autoridade que tem, exatamente por sê-lo. Com ela, a pessoa tem uma vida em que desfruta de bênçãos, sem causar sentimentos de inveja ou ciúmes nos outros. Tudo é possível e nada lhe falta. Então, Deus é glorificado com essa vida em abundância, cheia de força e sucesso.

A fim de ter uma vida abençoada dessa forma, a pessoa precisa entender a fundo as leis do mundo espiritual sobre as respostas de Deus, para então receber tudo aquilo que Lhe pedir, em nome de Jesus Cristo.

Esta obra é uma compilação das mensagens que foram pregadas há algum tempo a todos os crentes, especialmente àqueles que creem, sem a menor dúvida, no Deus poderoso e desejam ter vidas cheias de Suas respostas.

Que esta obra, *Meu Pai Lhes Dará Tudo O Que Pedirem Em Meu Nome,* possa ser como um manual que ensine a todos os leitores a serem cientes das leis espirituais sobre as respostas de Deus e os capacite a ter suas orações respondidas. Em nome de Jesus Cristo, eu oro!

Dou glória e graças a Deus por permitir que este livro, que carrega Sua preciosa palavra, seja publicado, e expresso minha sincera gratidão a todos os que trabalharam com dedicação e esforço para a concretização desta obra.

Jaerock Lee

Conteúdo

Uma Mensagem Sobre Esta Publicação

Capítulo 1

Capítulo 2

Capítulo 3

Capítulo 4

Capítulo 5

Você Colhe o que Plantou · 51

Capítulo 6

Elias Recebe a Resposta de Deus com Fogo · 65

Capítulo 7

Como Realizar os Desejos do Seu Coração · 75

Capítulo 1

Como Receber
as Respostas de Deus

1 João 3:18-22

"Filhinhos, não amemos de palavra nem de boca, mas em ação e em verdade. Assim saberemos que somos da verdade; e tranquilizaremos o nosso coração diante dele, quando o nosso coração nos condenar. Porque Deus é maior do que o nosso coração e sabe todas as coisas. Amados, se o nosso coração não nos condenar, temos confiança diante de Deus e recebemos dele tudo o que pedimos, porque obedecemos aos seus mandamentos e fazemos o que lhe agrada."

Uma das fontes de grande alegria para os filhos de Deus é o fato de que o Deus Todo-Poderoso está vivo, responde a suas orações, e faz com que tudo coopere para o seu bem. As pessoas que creem nesse fato oram zelosamente, para que possam receber de Deus tudo o que pedirem e glorificar a Ele com o coração feliz.

1 João 5:14 nos diz: *"Esta é a confiança que temos ao nos aproximarmos de Deus: se pedirmos alguma coisa de acordo com a vontade de Deus, ele nos ouvirá."* Esse versículo nos lembra de que, quando pedimos coisas que são segundo a vontade de Deus, temos o direito de recebê-las. Por pior que um pai seja, se seu filho lhe pedir pão, ele não lhe dará uma pedra, e se ele lhe pedir peixe, não lhe dará uma cobra. Ora, o que então poderia impedir Deus de dar boas coisas aos Seus filhos, quando estes Lhe pedem?

Quando a mulher cananeia, de Mateus 15:21-28, foi a Jesus, ela não apenas recebeu respostas a sua oração, mas também realizou os desejos do seu coração. Mesmo diante da aparentemente insolucionável situação em que sua filha sofria, por ser terrivelmente possuída por demônios, aquela mulher pediu a Jesus que curasse sua filha, pois cria que tudo era possível ao que cria. O que você acha que Jesus fez a essa mulher Cananéia, que pedia pela cura de sua filha sem desistir? Como podemos ler em João 16:23: *"Naquele dia vocês não me perguntarão mais nada. Eu lhes asseguro que meu Pai lhes dará tudo o que pedirem em meu nome"*, ao ver a fé dela, Jesus imediatamente atendeu a seu pedido. *"Mulher, grande é a sua fé! Seja conforme você deseja. E naquele mesmo instante a sua filha foi curada"* (Mateus 15:28).

Como a resposta de Deus é doce e maravilhosa!

Se cremos no Deus vivo, como Seus filhos devemos glorificá-Lo, recebendo tudo aquilo que pedimos. Com a passagem sobre a qual este capítulo está baseado, exploraremos como podemos receber as respostas de Deus.

Precisamos Acreditar em Deus, que Promete nos Responder

Deus nos prometeu na Bíblia que Ele certamente responderia a nossas orações e clamores. Portanto, somente quando não duvidamos dessa promessa é que podemos pedir as coisas com zelo e receber.

Números 23:19 diz: *"Deus não é homem para que minta, nem filho de homem para que se arrependa. Acaso ele fala, e deixa de agir? Acaso promete, e deixa de cumprir?"* Em Mateus 7:7-8, Deus nos promete: *"Peçam, e lhes será dado; busquem, e encontrarão; batam, e a porta lhes será aberta. Pois todo o que pede, recebe; o que busca, encontra; e àquele que bate, a porta será aberta."*

A Bíblia possui diversas referências que apontam a promessa de Deus, a que Ele nos responderia, se pedíssemos segundo a Sua vontade. Vejamos alguns exemplos a seguir:

"Portanto, eu lhes digo: tudo o que vocês pedirem em oração, creiam que já o receberam, e assim lhes sucederá." (Marcos 11:24)

"Se vocês permanecerem em mim, e as minhas palavras permanecerem em vocês, pedirão o que quiserem, e lhes será concedido." (João 15:7)

"E eu farei o que vocês pedirem em meu nome, para que o Pai seja glorificado no Filho." (João 14:13)

"Então vocês clamarão a mim, virão orar a mim, e eu os ouvirei. Vocês me procurarão e me acharão, quando me procurarem de todo o coração." (Jeremias 29:12-13)

"e clame a mim no dia da angústia; eu o livrarei, e você me honrará." (Salmo 50:15)

Como essa promessa de Deus pode ser encontrada em diversas passagens no Velho e Novo Testamento, precisamos crer que Deus está realmente vivo e que é o mesmo ontem, hoje e eternamente (Hebreus 13:8). E mesmo que ela fosse achada em apenas um versículo, nos agarraríamos nele e oraríamos para sermos respondidos.

Além do mais, a Bíblia fala de muitos homens e mulheres abençoados que creram na palavra de Deus, pediram, e receberam Suas respostas. Devemos seguir o exemplo da fé e coração dessas pessoas e ter vidas de modo que sempre sejamos respondidos por Deus.

Quando Jesus disse a um paralítico, em Marcos 2:1-12: *"Filho, os seus pecados estão perdoados. Levante-se, pegue a sua maca e vá para casa"*, ele levantou, tomou sua maca e foi embora, diante de todos que estavam ali, maravilhados e louvando a Deus.

Em Mateus, 8:5-13, um centurião foi até Jesus porque seu servo estava paralítico em casa, terrivelmente atormentado, e disse-Lhe: *"Mas dize apenas uma palavra, e o meu servo será curado."* Sabemos que quando Jesus disse ao centurião: *"Vá! Como você creu, assim lhe acontecerá"*, seu servo foi curado naquele momento.

Em Marcos, 1:40-42, um leproso foi até Jesus e, de joelhos, implorou-Lhe: *"Se quiseres, podes purificar-me."* Cheio de compaixão, Jesus estendeu a mão, tocou nele e disse: *"Quero. Seja purificado!"* A lepra deixou aquele homem e ele foi totalmente curado.

Deus permite que todas as pessoas recebam tudo o que pedem a Ele, em nome de Jesus Cristo. Ele deseja que todos que creem Nele, aos quais prometeu responder suas orações, orem com corações constantes, sem desistir, e se tornem Seus filhos abençoados.

Tipos de Oração Que Deus Não Responde

Quando as pessoas creem e oram segundo a vontade de Deus, vivem de acordo com a Sua palavra, e morrem assim como morre um grão de trigo, Ele considera seus corações e dedicação e responde a suas orações. Contudo, existem indivíduos que não recebem as respostas de Deus. Qual será a causa? Na Bíblia, vemos muitas pessoas que também não receberam Suas respostas, mesmo tendo orado. Ao examinarmos as razões pelas quais elas não foram respondidas, devemos aprender como nós podemos ser.

Primeiro, deixamos o pecado habitar em nosso coração e oramos, Deus diz que não responderá a nossa oração. O Salmo 66:18 fala: *"Se eu acalentasse o pecado no coração, o Senhor não me ouviria;"* e Isaías 59:1-2 nos lembra: *"Vejam! O braço do Senhor não está tão curto que não possa salvar, e o seu ouvido tão surdo que não possa ouvir. Mas as suas maldades separaram vocês do seu Deus; os seus pecados esconderam de vocês o rosto dele, e por isso ele não os ouvirá."* Como o diabo intercepta a nossa oração por causa do pecado, ela não toca outra coisa senão o ar; não alcançando, pois, o trono de Deus.

Segundo, se orarmos tendo pendências de perdão com nossos irmãos, Deus não nos responderá. Uma vez que o nosso Pai celestial não nos perdoa, a menos que perdoemos a nossos irmãos de coração (Mateus 18:35), a nossa oração não pode nem ser entregue a Ele, nem respondida nesse caso.

Terceiro, se orarmos para satisfazer nossos desejos carnais, Deus também não responderá a nossa oração. Se desconsiderarmos Sua glória, orando segundo os desejos da nossa natureza pecaminosa, ou orando para usarmos aquilo que recebemos Dele com nossos próprios prazeres, Ele não nos responderá (Tiago 4:2-3). Por exemplo, para a filha obediente e estudiosa, o pai diz sim a tudo que ela pede. Para a filha desobediente que não quer saber de estudar, entretanto, o pai ou não vai querer permitir que ela faça aquilo que lhe pede ou, se permitir, ficará muito preocupado com a forma que ela agirá, diante da sua permissão. Da mesma forma, se pedirmos qualquer coisa a Deus, motivados pelas coisas erradas ou para satisfazer os desejos da nossa natureza pecaminosa, Ele não nos responderá, pois estaremos correndo o risco de seguir pelo caminho da destruição.

Quarto, não devemos nem orar nem clamar por idólatras (Jeremias 1:10-11). Uma vez que Deus detesta ídolos, acima de qualquer outra coisa devemos orar somente pela salvação dos idólatras. Qualquer outra oração ou pedido feito por eles ou em nome deles não será respondido.

Quinto, Deus não responde à oração que é cheia de dúvidas, pois só podemos receber as respostas do Senhor, quando cremos e não duvidamos (Tiago 1:6-7). Tenho certeza de que muitos de vocês já testemunharam a cura de doenças incuráveis e a resolução de problemas aparentemente impossíveis de resolver, quando as pessoas pediram a Deus para intervir. Isso é porque Ele nos disse que: *"Eu lhes asseguro que se alguém disser a este monte: 'Levante-se e atire-se no mar', e não duvidar em seu coração, mas crer que acontecerá o que diz, assim lhe será feito"* (Marcos 11:23). Você precisa saber que a oração cheia de dúvidas não pode ser atendida; e que só a oração que está de acordo com a vontade de Deus traz uma certeza inegável.

Sexto, se não obedecermos aos mandamentos de Deus, a nossa oração não poderá ser respondida. Quando obedecemos às Suas ordenanças e fazemos o que Lhe agrada, a Bíblia diz que podemos ter total confiança diante Dele, para recebermos tudo aquilo que pedirmos (1 João 3:21-22). Uma vez que Provérbios 8:17 nos diz: *"Amo os que me amam, e quem me procura me encontra"*, a oração das pessoas que obedecem aos mandamentos de Deus em amor a Ele (1 João 5:3) são certamente respondidas.

Sétimo, não podemos receber as respostas de Deus sem semearmos. Como lemos em Gálatas 6:7: *"Não se deixem enganar: de Deus não se zomba. Pois o que o homem semear, isso também colherá"*, e em 2 Coríntios 9:6, *"Lembrem-se: aquele que semeia pouco, também colherá pouco, e aquele que semeia com fartura, também colherá fartamente"*, sem semear não podemos colher. Quando uma pessoa semeia oração, sua alma vai bem; quando faz ofertas, recebe bênções financeiras;

e quando pratica obras, recebe bênçãos de boa saúde. Em resumo, você deve semear aquilo que deseja colher; e semear na mesma medida que deseja receber as respostas de Deus.

Além das condições acima, se as pessoas deixam de orar em nome de Jesus Cristo, ou não oram de coração, falando somente palavras da boca para fora, suas orações não são respondidas. Uma discórdia entre marido e mulher (1 Pedro 3:7) ou a desobediência são coisas que fazem com que as repostas de Deus não sejam mais garantidas.

Devemos sempre manter em mente que as condições citadas acima criam um muro de pecado entre nós e Deus – Ele virará Sua face contra nós e não nos responderá. Portanto, devemos buscar primeiro o reino de Deus e a Sua justiça, clamar a Ele em oração, para satisfazermos os desejos do nosso coração e sermos sempre respondidos, ao permanecermos firmes na oração, até o fim, cheios de fé.

Segredos Para Termos Nossas Orações Respondidas

Na fase inicial da vida em Cristo, a pessoa é um bebê espiritual, e Deus lhe responde rapidamente. Como ela ainda não conhece toda a verdade, se ela põe em prática a pouca palavra que aprendeu de Deus, lhe responde, como se ela fosse uma criança chorando por leite, e a leva a conhecê-Lo mais. Ao ouvir e entender cada vez mais a verdade, a pessoa então começa a "engatinhar", e Deus lhe responde, à medida que ela pratica a verdade. Se um indivíduo, todavia, já passou da fase de "criança espiritual" e continua pecando e não vive segundo a palavra, ele não pode receber as respostas de Deus. A partir daí, as respostas de Deus vêm, à medida que a pessoa se santifica.

Logo, para pessoas que ainda não foram respondidas por Deus receberem Suas respostas, elas primeiro precisam se arrepender, mudar de atitude e começar a ter vidas obedientes, vivendo segundo a palavra de Deus. Quando elas habitarem na verdade, depois de se arrependerem, rendendo seus corações, Deus lhes dará incríveis bênçãos. Como inicialmente a fé de Jó era apenas uma fé armazenada como conhecimento, quando tribulações e sofrimento vieram sobre sua vida, ele murmurou contra Deus. Depois que ele conheceu a Deus de fato e se arrependeu, rendendo o seu coração, ele perdoou a seus amigos e viveu segundo a palavra Dele. Foi então que Deus o abençoou com o dobro das coisas que tinha e havia perdido (Jó 42:5-10).

Jonas se viu preso dentro de um grande peixe, por ter desobedecido à palavra de Deus. No entanto, quando orou, se arrependeu, e deu graças em sua oração pela fé, Deus lançou Sua palavra sobre o peixe, que expeliu Jonas em terra seca (Jonas 2:1-10).

Quando nos convertemos dos nossos maus caminhos, nos arrependemos, vivemos segundo a vontade do Pai, cremos, e clamamos a Ele, o diabo virá a nós por uma direção, mas fugirá por sete. Naturalmente, tribulações financeiras, doenças e problemas com nossos filhos serão resolvidos. O marido que perseguia vira um esposo bom e amável, e a família, em paz, passa a exalar o aroma de Cristo, glorificando a Deus.

Quando nos convertemos, arrependemos e recebemos respostas às nossas orações, devemos glorificar a Deus, testemunhando a nossa alegria. Quando agradamos e glorificamos a Deus com o nosso testemunho, Ele não apenas recebe a glória e tem prazer com a nossa atitude, mas também nos pergunta com toda alegria: "O que você quer?"

Suponha que um pai desse a seu filho um presente e este não ficasse grato ou demonstrasse gratidão de nenhuma forma. Pode ser que o pai pare de querer dar coisas ao filho. Entretanto, se esse filho ficasse grato com o presente que recebera e agradecesse ao pai, este ficaria cada vez mais feliz e desejaria dar cada vez mais presentes a ele. Da mesma forma, receberemos mais e mais de Deus, quando glorificarmos a Ele, lembrando que o nosso Pai Se deleita em ver Seus filhos tendo suas orações respondidas e dá ainda mais presentes àqueles que testemunham Suas respostas.

Que todos nós possamos pedir conforme a vontade de Deus, mostrar a Ele nossa fé e dedicação, e receber Dele tudo aquilo que pedirmos. Demonstrar a nossa fé e dedicação a Deus pode parecer difícil pela perspectiva humana. No entanto, só depois que passamos pelo processo em que nos despojamos de pecados pesados, que são contra a verdade, fixamos nossos olhos no céu eterno, recebemos respostas às nossas orações e acumulamos recompensas no reino celestial, é que nossas vidas serão cheias de gratidão e alegria e sentiremos que realmente valem a pena. Além do mais, nossas vidas serão muito abençoadas, pois tribulações e sofrimentos serão expulsos e o verdadeiro conforto poderá ser sentido dentro da direção e proteção de Deus.

Que cada um de vocês possa pedir com fé tudo aquilo que desejar, orar fervorosamente, combater o pecado e obedecer às ordenanças de Deus, para que possa receber o que pedir, agradá-Lo em todas as áreas de suas vidas e glorificá-Lo intensamente. Em nome de Jesus Cristo, eu oro!

Capítulo 2

Mesmo Assim Precisamos Pedir-Lhe

Ezequiel 36:31-37

Então vocês se lembrarão dos seus caminhos maus e das suas ações ímpias, e terão nojo de si mesmos por causa das suas iniquidades e das suas práticas repugnantes. Quero que vocês saibam que não estou fazendo isso por causa de vocês, palavra do Soberano Senhor. Envergonhem-se e humilhem-se por causa de sua conduta, ó nação de Israel! 'Assim diz o Soberano Senhor: No dia em que eu os purificar de todos os seus pecados, eu restabelecerei as suas cidades e as ruínas serão reconstruídas. A terra arrasada será cultivada, e não permanecerá arrasada à vista de todos que passarem por ela. Estes dirão: "Esta terra que estava arrasada tornou-se como o jardim do Éden; as cidades que jaziam em ruínas, arrasadas e destruídas, agora estão fortificadas e habitadas." Então as nações que estiverem ao redor de vocês e que subsistirem saberão que eu, o Senhor, reconstruí o que estava destruído e replantei o que estava arrasado. Eu, o Senhor, falei e o farei.' "Assim diz o Soberano Senhor: Uma vez mais cederei à súplica da nação de Israel e farei isto por eles: Tornarei o povo deles tão numeroso como as ovelhas."

Através dos sessenta e seis livros da Bíblia, Deus, que é o mesmo ontem, hoje e eternamente (Hebreus 13:8) testemunha o fato de que Ele está vivo e trabalhando. Ele tem dado fiéis evidências do Seu trabalho a todos aqueles que creram, creem, obedeceram e obedecem à Sua palavra – no Velho e Novo Testamento, e nos dias de hoje.

Deus, o Criador de tudo do universo, e Governador da vida, morte, bênção e maldição do ser humano, prometeu nos "abençoar" (Deuteronômio 28:5-6) desde que crêssemos e obedecêssemos a toda a Sua palavra encontrada na Bíblia. Agora, se realmente crermos nesse fato maravilhoso, o que poderá nos faltar, ou o que não poderíamos receber? Em Números 23:19 lemos: *"Deus não é homem para que minta, nem filho de homem para que se arrependa. Acaso ele fala, e deixa de agir? Acaso promete, e deixa de cumprir?"* Deus fala e não age? Ele promete e não cumpre? Além do mais, uma vez que Jesus nos prometeu em João 16:23: *"...Eu lhes asseguro que meu Pai lhes dará tudo o que pedirem em meu nome"*, os filhos de Deus são verdadeiramente abençoados.

Dessa maneira, não há nada mais natural para os filhos de Deus do que ter vida em que recebem tudo aquilo o que pedem e glorificam seu Pai celestial. Mas então, por que a maioria dos cristãos não tem vida assim? Utilizando a passagem sobre a qual este capítulo está baseado, exploremos como podemos receber as respostas de Deus.

Deus Falou e Cumprirá, Mas Mesmo Assim Precisamos Pedir-Lhe

Como escolhido de Deus, o povo de Israel recebeu grandes bênçãos. Foi-lhes prometido que se eles obedecessem completamente e seguissem a palavra de Deus, Ele os colocaria sobre todas as nações da terra, garantiria a vitória sobre qualquer inimigo que levantasse contra eles e abençoaria tudo em que colocassem a mão (Deuteronômio 28:1,7,8). Tais bênçãos vieram sobre os israelitas, quando eles obedeceram à palavra de Deus. Todavia, quando erraram, desobedeceram à Lei e adoraram ídolos, na ira de Deus, foram feitos cativos e sua terra foi arruinada.

Naquele tempo, Deus disse aos israelitas que se eles se arrependessem e convertessem de seus caminhos perversos, Ele permitiria que a terra desolada fosse cultivada e lugares arruinados fossem reconstruídos. Além disso, Deus também disse: *"Eu, o Senhor, falei, e o farei. Assim diz o Soberano Senhor: Uma vez mais cederei à súplica da nação de Israel e farei isto por eles"* (Ezequiel 36:36-37).

Por que Deus prometeu aos israelitas que agiria, mas também disse que eles ainda precisariam "pedir-Lhe"?

Embora Deus saiba do que precisamos antes mesmo de abrirmos nossas bocas (Mateus 6:8), Ele mesmo nos falou: *"Peçam, e lhes será dado... Pois todo o que pede, recebe... quanto mais o Pai de vocês, que está nos céus, dará coisas boas aos que lhe pedirem!"* (Mateus 7:7-11)

Além disso, uma vez que Deus nos fala em toda a Bíblia que precisamos pedir e clamar a Ele, se quisermos ser respondidos (Jeremias 33:3; João 14:14), os filhos de Deus que verdadeiramente creem em Sua palavra devem pedir a Deus, mesmo já sabendo que Ele já liberou a palavra e vai agir.

Quando Deus disse: "Eu farei", se crermos e obedecermos à Sua palavra, receberemos Suas respostas. Por outro lado, se duvidarmos, testarmos Deus e deixarmos de ser gratos, reclamando em tempos de tribulação e sofrimento – isto é, se deixarmos de crer na promessa de Deus – não seremos respondidos. Por mais que Deus tenha prometido e dito "Eu farei", a promessa só pode ser cumprida, quando suplicamos a Deus em oração e atitudes. Não se pode dizer que a pessoa tem fé se ela, deixando de pedir, simplesmente olhar para a promessa e disser: "Deus falou, então será feito." Ela não será respondida, pois não está agindo com fé.

Devemos Pedir Para Recebermos as Respostas de Deus

Primeiro, você deve orar para destruir o muro de pecado entre você e Deus.

Quando Daniel foi levado cativo à Babilônia, depois da queda de Jerusalém, ele se deparou com a profecia de Jeremias nas Escrituras e entendeu que a desolação de Jerusalém duraria setenta anos. Durante aqueles setenta anos, como Daniel lera, Israel serviria ao rei da Babilônia. Quando aqueles anos passassem, entretanto, o rei da Babilônia, seu reino, e a terra dos caldeus seriam amaldiçoados e perpetuamente desolados por causa dos seus pecados. Embora os israelitas fossem cativos na Babilônia naquele momento, a profecia de Jeremias de que eles se tornariam independentes e voltariam à sua terra depois de setenta anos foi grande motivo de alegria e alívio para Daniel.

Contudo, Daniel não compartilhou sua alegria com nenhum de seus companheiros israelitas, embora pudesse ter facilmente compartilhado. Em vez disso, ele se dedicou a buscar a Deus com orações, súplicas, jejum, pano de saco e cinzas. Ele se arrependeu dos seus pecados e por Israel ter errado, ter sido perverso e rebelde e ter virado as costas para as leis e ordenanças de Deus (Daniel 9:3-19).

Deus não tinha revelado, através do profeta Jeremias, como o cativeiro de Israel terminaria; Ele apenas tinha falado sobre seu fim depois de sete décadas. Como Daniel conhecia as leis do mundo espiritual, sabia muito bem que o muro que estava entre Israel e Deus precisava primeiro ser destruído, para que a Sua palavra fosse cumprida. Ao agir daquela forma, Daniel mostrou sua fé com obras. Ao jejuar e se arrepender – por ele mesmo e pelo resto dos israelitas – de ter pecado contra Deus e, consequentemente, terem sido amaldiçoados, Deus destruiu aquele muro, respondeu a Daniel, deu aos israelitas as "setenta semanas", e lhe revelou outros segredos.

Ao nos tornarmos filhos de Deus, que pedem de acordo com a palavra do Pai, percebemos que destruir o muro de pecados precede o recebimento de qualquer resposta de oração, e fazemos do ato de demolição desse muro uma prioridade.

Segundo, devemos orar com fé em obediência.

Em Êxodo 3:6-8 lemos sobre a promessa de Deus ao povo de Israel, que naquele tempo estava escravizado no Egito. Deus lhes prometeu tirá-los do Egito e guiá-los até a Canaã, a terra onde fluem leite e mel, que seria seu bem, sua posse (Êxodo 6:8). Ele havia prometido com juramento a Abraão que daria a terra aos seus descendentes e ordenou que fossem para lá (Êxodo 33:1-3). Canaã foi uma terra prometida a Israel, onde Deus lhe ordenara destruir os ídolos que nela havia, e advertira que não fizessem aliança com as pessoas que já viviam ali ou com seus deuses, se não quisessem criar uma armadilha entre eles mesmos e Deus. Essa era a promessa de Deus, que sempre cumpre o que fala. Então, por que os israelitas não conseguiam entrar em Canaã?

Em sua descrença em Deus e Seu poder, o povo de Israel murmurou contra Ele (Números 14:1-3) e Lhe desobedeceu e, enquanto agir daquela maneira, não conseguiria entrar em Canaã (Números 14:21-23; Hebreus 3:18-19). Em suma, por mais que Deus tivesse prometido dar a terra de Canaã aos israelitas, de nada a promessa adiantaria se eles não cressem nela ou Lhe desobedecessem. Se, de fato, tivessem crido nela e obedecido a Deus, ela certamente teria sido cumprida. No fim, apenas Josué e Calebe, da geração da promessa, que creram na palavra de Deus, é que entraram em Canaã, juntamente com os descendentes dos israelitas (Josué 14:6-12). Que possamos manter em mente, com a história de Israel, que só podemos receber as respostas de Deus quando Lhe pedimos com fé, confiando em Sua promessa e sendo obedientes.

Embora o próprio Moisés tivesse crido na promessa de Deus sobre Canaã, como os israelitas não creram no poder de Deus, até ele foi proibido de entrar naquela terra. Às vezes, a obra de Deus acontece por causa da fé de um homem; mas, às vezes, ela só acontece quando todos envolvidos têm a fé necessária para a manifestação do Seu operar. Para a conquista de Canaã, Deus exigiu a fé dos israelitas como um todo, não apenas a de Moisés. No entanto, como Ele não encontrou essa fé entre o povo de Israel, não permitiu que ele entrasse em Canaã. Mantenha em mente que, quando Deus busca a fé não apenas de um indivíduo, mas de todas as pessoas envolvidas, todas elas precisam orar com fé e estar vivendo em obediência, sendo, assim, um coração. Só assim receberão Suas respostas.

Quando uma mulher que vinha sofrendo de hemorragia há 12 anos foi curada ao tocar as vestes de Jesus, Ele perguntou: *"Quem me tocou?"*, e fez com que ela testemunhasse sua cura na frente de todos os que estavam presentes (Marcos 5:25-34).

Quando um indivíduo testemunha a obra de Deus manifestada em sua vida, ele ajuda outros a aumentarem sua fé e os fortalece, fazendo-os ser pessoas de oração, que pedem e são respondidas. Uma vez que receber as respostas de Deus pela fé faz com que incrédulos passem a crer e conheçam o Deus vivo, isso tudo acaba sendo uma maneira magnífica de glorificá-Lo.

Que, crendo e obedecendo à palavra da bênção encontrada na Bíblia e mantendo em mente que precisamos pedir, mesmo diante da promessa de Deus de que Ele fará, possamos receber sempre Suas respostas, ser Seus filhos abençoados e dar glórias a Ele, com tudo o que há em nosso coração.

Capítulo 3

As Leis Espirituais Sobre as Respostas de Deus

Lucas 22:39-46

Como de costume, Jesus foi para o monte das Oliveiras, e os seus discípulos o seguiram. Chegando ao lugar, Ele lhes disse: "Orem para que vocês não caiam em tentação." Ele se afastou deles a uma pequena distância, ajoelhou-se e começou a orar: "Pai, se queres, afasta de mim este cálice; contudo, não seja feita a minha vontade, mas a tua." Apareceu-lhe então um anjo do céu que o fortalecia. Estando angustiado, ele orou ainda mais intensamente; e o seu suor era como gotas de sangue que caíam no chão. Quando se levantou da oração e voltou aos discípulos, encontrou-os dormindo, dominados pela tristeza. "Por que estão dormindo?", perguntou-lhes. "Levantem-se e orem para que vocês não caiam em tentação!"

Os filhos de Deus recebem a salvação e têm o direito de receber do Pai tudo aquilo que pedirem pela fé. É por isso que lemos em Mateus 21:22: *"E tudo o que pedirem em oração, se crerem, vocês receberão."*

Entretanto, muitas pessoas se perguntam por que não recebem as respostas de Deus depois da oração. Questionam se sua oração foi entregue a Deus, ou duvidam se Deus sequer ouviu seu pedido.

Assim como precisamos conhecer as formas e rotas adequadas para seguirmos uma jornada para um destino certo, só quando conhecemos os métodos e rotas adequados da oração é que podemos receber prontas respostas de Deus. A oração em si não garante as respostas Dele; precisamos aprender as leis do mundo espiritual sobre como sermos respondidos e orarmos de acordo com elas.

Exploremos, pois, as leis espirituais sobre as respostas de Deus e como estão relacionadas aos Seus sete Espíritos.

As Leis do Mundo Espiritual Sobre as Respostas de Deus

Uma vez que orar é pedir ao Deus Todo-Poderoso coisas que desejamos e das quais precisamos, só podemos receber Suas respostas quando Lhe pedimos de acordo com as leis espirituais. Nenhum esforço humano baseado em seus pensamentos, métodos, fama e conhecimento nos trará as respostas de Deus.

Uma vez que Deus é um Juiz justo (Salmo 7:11), ouve a nossa

oração e a responde. Ele quer que tenhamos atitudes condizentes com as respostas que esperamos Dele. Suas respostas às nossas orações podem ser comparadas à compra de carne de um açougueiro. Se este for comparado a Deus, sua balança pode ser como aquilo que Deus usa para medir, segundo as leis espirituais, se podemos ser respondidos ou não.

Suponha que peçamos ao açougueiro 1 kg de bife. Ao fazermos o pedido, ele coloca a carne na balança para pesá-la e vê se ali já tem 1 kg ou não. Se o peso ali realmente for 1 kg, ele recebe de nós a quantia relativa àquela quantidade, embrulha a carne, e a entrega para nós.

Semelhantemente, enquanto Deus responde a nossa oração, Ele certamente recebe algo de nós em troca, que garante a Sua resposta. Assim funcionam as leis do mundo espiritual sobre as respostas de Deus.

Deus ouve a nossa oração, aceita algo de nós que possua o valor condizente com o que estamos pedindo, e depois nos responde. Se a pessoa orou, mas ainda não recebeu a resposta de Deus, é porque ela ainda não Lhe apresentou a quantia necessária. Como essa quantia varia de acordo com o conteúdo das orações, enquanto a pessoa não receber o tipo de fé, através da qual poderá ser respondida, ela deve orar para juntar o valor necessário. Por mais que não saibamos ao certo o valor que Deus está exigindo de nós, Ele o exige. Portanto, prestando muita atenção à voz do Espírito Santo, precisamos pedir algumas coisas a Deus com jejum, outras com vigílias; outras com orações, com lágrimas; e ainda outras com ofertas de ações de graças. Tais atitudes fazem com que juntemos a quantia necessária para recebermos as respostas de Deus, já que Ele nos dá o tipo de fé em que podemos crer, nos abençoa e nos responde.

Às vezes, duas pessoas se juntam, começam uma campanha de oração, e uma é respondida sem demora, enquanto a outra não recebe a resposta de Deus, mesmo depois de terminada a campanha. Que explicações podemos encontrar para essa disparidade?

Uma vez que Deus é sábio e faz os Seus planos com antecedência, se Ele declara que um indivíduo possui um coração que continuará orando até o período da campanha terminar, Ele responde à pessoa sem demora. Contudo, se a pessoa deixa de ser respondida num problema que ela enfrenta agora, isso é porque ela não deu a Ele a quantia necessária para receber Sua resposta. Quando voltamos a orar por um certo período de tempo (fazemos uma campanha), devemos saber que Deus é quem direciona o nosso coração, para que Ele receba a quantidade de oração suficiente para nos dar a resposta que buscamos. Consequentemente, se não juntarmos essa quantia, não seremos respondidos.

Por exemplo, se um homem ora pela sua futura esposa, Deus busca a esposa adequada para ele e prepara as coisas de forma que tudo coopere para o seu bem. Isso, todavia, não quer dizer que a esposa aparecerá diante do homem só porque ele orou, mesmo sem ele estar na idade certa para se casar. Deus responde àqueles que creem que receberam Suas respostas. No tempo Dele, Ele revela-lhes a Sua obra . Entretanto, quando a oração de alguém não se encaixa na vontade Dele, não tem Suas respostas, ainda que ore muito. Se esse mesmo homem orasse por condições exteriores de sua futura esposa como educação, aparência, riqueza, fama e coisas do tipo, em outras palavras, fizesse uma oração cheia de carnalidade, conforme os moldes de sua própria mente humana, Deus não lhe responderia.

Como o nível de santificação e fé (em que se pode realmente crer) das pessoas difere, por mais que duas se juntem para orar pelo mesmo tipo de problema, o tanto de oração que Deus recebe é também diferente (Apocalipse 5:8). Uma pode ser respondida em um mês, enquanto a outra em um dia.

Quanto mais as respostas de Deus significarem para alguém, maior deve ser a quantidade de suas orações. Segundo as leis do mundo espiritual, quanto maior o vaso, maior a sua prova, para que venha a ser ouro refinado. Assim, o vaso menor é testado em uma escala também menor e é usado por Deus só um pouco. Logo, ninguém deve julgar os outros dizendo: "Apesar de toda a fidelidade de fulano, olha só quantas tribulações em sua vida!" Isso entristece a Deus. Entre nossos patriarcas da fé, Moisés foi testado por 40 anos e Jacó por 20. Todos nós sabemos que eles se tornaram vasos aos olhos de Deus e foram usados para o cumprimento de grandes propósitos Seus, depois de terem vencido suas provações. Pense no processo de formação e treinamento de time de futebol nacional. Se as habilidades de determinado jogador fazem-no merecedor de ser convocado à seleção, só depois de ele investir mais tempo e esforço em treinamento é que será capaz de representar bem o seu país.

Quer a resposta que buscamos de Deus seja grande ou pequena, devemos mover o Seu coração para sermos respondidos. Quando estivermos orando para recebermos tudo aquilo que pedirmos, Deus se comove quando Lhe damos quantidades de oração condizentes com o que estamos pedindo. Limpamos nossos corações para não termos nenhum muro de pecado entre nós e Ele e Lhe damos graças, louvor, dízimos, ofertas e coisas do tipo, como demonstração da nossa fé.

A Relação entre as Leis do Mundo Espiritual e os Sete Espíritos

Como examinado anteriormente, através da metáfora do açougueiro e sua balança, Deus, de acordo com as leis espirituais, mede precisamente a quantidade de oração de cada pessoa e determina se ela acumulou a quantia necessária ou não para receber o que está pedindo. Enquanto a maioria das pessoas julga as coisas só pelo que está fisicamente à vista, Deus faz uma avaliação cautelosa com Seus sete Espíritos (Apocalipse 5:6). Em outras palavras, quando uma pessoa é tida como qualificada pelos sete Espíritos, ela recebe as respostas de Deus às suas orações.

O que os sete Espíritos medem?

Primeiro, Eles medem a nossa fé.

Existem a 'fé espiritual' e a 'fé carnal'. O tipo de fé que os sete

Espíritos medem não é a fé como conhecimento – a fé carnal – mas a fé espiritual que é viva e seguida por obras (Tiago 2:22). Por exemplo, em uma parte de Marcos 9 há um pai cujo filho estava possuído por demônios, os quais o faziam ser mudo. O pai foi até Jesus (Marcos 9:17) e disse-Lhe: "Creio! Ajude-me a vencer a minha incredulidade!" e pediu-Lhe fé espiritual dizendo: "Ajude-me a vencer a minha incredulidade!" Aqui, o pai confessa sua fé carnal dizendo: "Creio" e pede por fé espiritual dizendo: "Ajude-me a vencer a minha incredulidade!" Jesus respondeu ao pai na mesma hora e curou seu filho (Marcos 9:18-27).

É impossível agradar a Deus sem fé (Hebreus 11:6). Contudo, podemos satisfazer os desejos do nosso coração, quando realmente agradamos a Deus com a fé que pode agradar-Lhe. Assim, podemos alcançar o que desejamos. Logo, se não recebemos a resposta de Deus, é como Ele nos disse: "Como você creu, assim lhe acontecerá"-significa que a nossa fé ainda não está completa.

Depois, Eles medem a nossa alegria.

Como vemos em 1 Tessalonicenses, 5:16, devemos nos regozijar sempre, é da vontade de Deus que sempre nos regozijemos. Ao invés de regozijarem em momentos difíceis de suas vidas, muitos crentes se veem confinados em ansiedade, medo e preocupação. Se eles realmente acreditarem no Deus vivo de todo o coração, poderão estar sempre alegres, independente das circunstâncias ao seu redor. Podem ficar sempre alegres com uma esperança fervorosa pelo reino eterno celestial; e não neste mundo, que é tão temporário.

Em seguida, os sete Espíritos medem as nossas orações.

Uma vez que Deus nos diz para orarmos sem cessar (1 Tessalonicenses 5:17) e promete dar aos que Lhe pedem (Mateus 7:7), é mais do que natural que recebamos de Deus aquilo que pedimos em oração. O tipo de oração com a qual Deus se alegra abrange orar habitualmente (Lucas 22:39) e ajoelhar-se para orar segundo a Sua vontade. Com uma postura assim, clamaremos naturalmente a Deus com todo o nosso coração e a nossa oração será cheia de fé e amor. Deus examina esse tipo de oração. Não devemos orar só quando queremos algo ou estamos tristes e queremos desabafar. Devemos orar sempre de acordo com a vontade de Deus. (Lucas 22:39-41).

Em quarto lugar, os sete Espíritos medem nossas ações de graças.

Uma vez que Deus ordenou que déssemos graças em tudo (1 Tessalonicenses 5:18), qualquer pessoa que tem fé deve naturalmente dar graças em todas as coisas, de todo o coração. Uma vez que Deus nos transportou do caminho da destruição para o caminho da vida eterna, como não sermos gratos? Temos de ser gratos por Deus Se deixar ser achado por aqueles que O buscam intensamente e por Ele dar aos que Lhe pedem. E mesmo que enfrentemos dificuldades durante nossa breve vida nesse mundo, temos de ser gratos, pois a nossa esperança é o céu eterno.

Quinto, os sete Espíritos de Deus medem a nossa obediência aos mandamentos de Deus.

1 João 5:2 nos diz: *"Assim sabemos que amamos os filhos de Deus: amando a Deus e obedecendo aos seus mandamentos"*, e os mandamentos de Deus não são pesados (1 João 5:3). A oração daquele que ora habitualmente sobre seus joelhos e clama a Deus é uma oração de amor, advinda de sua fé. Pela fé e amor que essa pessoa tem a Deus, ela ora de acordo com a Sua palavra.

Entretanto, muitas pessoas reclamam sobre a ausência das respostas de Deus, enquanto vão para o oeste, apesar da Bíblia dizer-lhes para irem para o leste. Tudo que elas precisam fazer é crer no que a Bíblia diz e obedecer. Como são rápidas em deixar a palavra de Deus de lado, avaliar as situações de acordo com seus próprios pensamentos e teorias e orar buscando seus próprios benefícios! Deus vira as costas para elas e não lhes responde. Suponha que você tenha prometido encontrar com um amigo em uma estação de trem na cidade de Nova Iorque e que percebeu depois que preferiria o ônibus ao trem, acabando por tomar o ônibus. Por mais que você espere no ponto de ônibus pelo seu amigo, nunca conseguirá encontrá-lo ali. Se você for para o oeste, mesmo depois de Deus lhe falar para ir para o leste, não se pode considerar que você Lhe obedeceu. É, pois, triste e trágico ver tantos cristãos com uma fé assim. Na realidade, não é fé, nem amor. Se dizemos que amamos a Deus, nada mais natural do que obedecermos aos Seus mandamentos (João 14:15; 1 João 5:3).

O amor a Deus o faz orar com cada vez mais zelo e diligência. Isso, por sinal, produz frutos de salvação de almas e evangelização e, assim, a realização do reino e justiça de Deus. Sua alma prospera e você recebe o poder da oração. Como recebe as respostas que procura e glorifica a Deus, e como você crê que tudo será recompensado no céu, fará tudo com gratidão, e não com peso. Portanto, se professamos a nossa crença em Deus, é mais do que esperado que obedeçamos aos Dez Mandamentos, que são um resumo dos 66 livros da Bíblia.

Depois, os sete Espíritos medem a nossa fidelidade.

Deus quer que sejamos fiéis não apenas em determinada área da nossa vida, mas em toda a Sua casa. Como registrado em 1 Coríntios 4:2: *"O que se requer destes encarregados é que sejam fiéis"*, é bom que aqueles que desempenham deveres que receberam de Deus Lhe peçam para fortalecê-los, a fim de que sejam considerados fiéis em tudo e dignos de confiança pelas pessoas ao seu redor. Eles também devem pedir para ser fiéis em casa e no trabalho e, enquanto fazem de tudo para ser fiéis em todas as áreas de suas vidas, sua fidelidade deve ser alcançada na verdade.

Em sétimo e último lugar, os sete Espíritos medem o nosso amor.

Mesmo que alguém seja aprovado ao passar pelas seis primeiras medidas, Deus nos diz que, sem amor, somos como o "sino que ressoa", e que o amor é maior do que a fé, a esperança. Além do mais, Jesus cumpriu a lei em amor (Romanos 13:10) e, como Seus filhos, é mais que nossa obrigação amarmos uns aos outros.

Para recebermos as respostas de Deus à nossa oração, devemos primeiro ser aprovados nas medidas dos sete Espíritos. Isso, pois, significa que novos crentes, que ainda não conhecem a verdade, não podem ser respondidos?

Suponha que um bebê, que ainda não consegue falar, um dia pronuncia bem claramente: "Mamãe!" Seus pais ficariam tão felizes que satisfariam qualquer desejo do seu filho.

Da mesma forma, existem diferentes níveis de fé; e os sete Espíritos medem cada indivíduo com justiça, respondendo-lhes apropriadamente. Portanto, Deus Se comove e tem prazer em responder ao recém-convertido, quando ele demonstra a pequena fé que tem. Deus é tocado e Se alegra em responder, quando crentes, no segundo ou terceiro nível da fé, acumulam a fé do nível em que se encontram. Crentes no quarto ou quinto níveis da fé, como vivem segundo a vontade de Deus e oram de forma ainda mais adequada, são instantaneamente aprovados pelos sete Espíritos, sendo respondidos mais rapidamente.

Em suma, quanto maior o nível de fé em que uma pessoa se encontra, uma vez que ela é proporcionalmente ciente das leis do mundo espiritual e as segue, mais rapidamente ela recebe as respostas de Deus. Entretanto, por que razões recém-convertidos são frequentemente respondidos rapidamente por Deus? Com a graça que recebem de Deus, eles se enchem do Espírito Santo e são aceitos e qualificados pelos sete Espíritos, recebendo, assim, as respostas de Deus com mais rapidez.

Contudo, à medida que o novo crente conhece a verdade mais a fundo, ele se acomoda e vai gradativamente perdendo o primeiro amor com o esfriamento do zelo que tinha antes. E o "agir como se bem entende"se desenvolve.

Com ardor por Deus, que possamos passar nas avaliações dos sete Espíritos, vivendo diligente e zelosamente segundo a verdade, receber do nosso Pai tudo aquilo que pedirmos e ter vidas abençoadas que glorificam a Ele!

Capítulo 4

Destrua o Muro do Pecado

Isaías 59:1-2

Vejam! O braço do Senhor não está tão encolhido que não possa salvar, e o seu ouvido tão surdo que não possa ouvir. Mas as suas maldades separaram vocês do seu Deus; os seus pecados esconderam de vocês o rosto dele, e por isso ele não os ouvirá.

Em Mateus 7:7-8, Deus diz aos Seus filhos: *"Peçam, e lhes será dado; busquem, e encontrarão; batam, e a porta lhes será aberta. Pois todo o que pede, recebe; o que busca, encontra; e àquele que bate, a porta será aberta"* e promete-lhes responder suas orações. Contudo, por que tantas pessoas não são respondidas por Deus, apesar de Sua promessa?

Deus não ouve a oração de pecadores; Ele vira as costas para eles. Deus não pode responder a oração de pessoas que têm um muro de pecado entre elas e Ele. Portanto, a fim de desfrutarmos de boa saúde e termos tudo em nossa vida, indo bem à medida que a nossa alma prospera, destruir esse muro que bloqueia o caminho entre nós e Deus deve ser uma prioridade.

Examinando diversos elementos que participam na construção do muro de pecado entre nós e Deus, quero encorajar cada um de vocês a ser abençoado filho de Deus, a se arrepender dos seus pecados (se de fato houver esse muro entre você e Ele), e receber tudo o que pedir ao Pai em oração, glorificando, pois, a Ele.

Destrua o Muro de Pecado Devido à Sua Descrença em Deus e Por Não Aceitar o Senhor Como o Seu Salvador.

A Bíblia afirma que todo aquele que não acredita em Deus e não aceita Jesus Cristo como seu Salvador está pecando (João 16:9). Muitos dizem: "Tenho tido uma vida correta, não tenho pecados"; mas é em ignorância espiritual que afirmam tal coisa

– não conhecer a natureza do pecado. Como a palavra de Deus não está em seus corações, indivíduos assim não sabem distinguir o verdadeiramente certo do verdadeiramente errado, ou o bem do mal. Além disso, sem conhecer a verdadeira justiça, se os padrões deste mundo lhes dizem: "Você não é mau", eles podem falar, sem nenhuma reserva, que são bons. Agora, por mais que alguém acredite que tenha tido uma vida supercorreta, se a pessoa olhar para si mesma, à luz da palavra de Deus, depois de aceitar Jesus Cristo, ela descobrirá que sua vida não foi nem um pouco "correta." Isso porque ela entende que não crer em Deus e não aceitar Jesus Cristo é o maior de todos os pecados. Deus é obrigado a responder a oração de pessoas que aceitaram Jesus Cristo e se tornaram Seus filhos; e os filhos de Deus têm o direito de receber Suas respostas, de acordo com a Sua promessa.

A razão de os filhos de Deus – que creem Nele e aceitaram Jesus Cristo como seu Salvador – não terem suas orações respondidas é porque não reconhecem a existência do muro entre eles e Deus, muro este que se ergueu devido ao seu pecado e maldade. É por isso que quando jejuam ou fazem vigílias, Deus vira as costas para eles e não lhes responde.

Destrua o Pecado de Não Amar ao Próximo

Deus nos fala que é mais que obrigação de Seus filhos se amarem uns aos outros (1 João 4:11). Além do mais, uma vez que Ele nos fala para amarmos até os nossos inimigos (Mateus 5:44), odiar nossos irmãos em vez de amá-los é desobedecer à palavra de

Deus – o que constitui pecado.

Uma vez que o próprio Jesus Cristo demonstrou o Seu amor pela humanidade – que estava presa em pecado e maldade – através da crucificação, é mais que nossa obrigação amarmos nossos pais, irmãos e filhos. Logo, alimentar emoções frívolas como o ódio e a má-vontade de liberar o perdão, todavia, é um grave pecado. Deus não exige de nós que demonstremos a Ele o mesmo amor que Jesus sentia ao morrer na cruz e redimir o homem de seus pecados, mas Ele simplesmente nos pede que transformemos o ódio em perdão. Então, por que isso é tão difícil?

Deus nos diz que qualquer um que odeia o seu irmão é "assassino" (1 João 3:15), que quando não perdoamos a nosso irmão, somos tratados por Deus da mesma forma (Mateus 18:35), e nos incentiva a alimentar o amor, evitando julgar e nos queixar uns dos outros (Tiago 5:9).

Uma vez que o Espírito Santo habita em cada um de nós, com o amor de Jesus Cristo, que foi crucificado e nos redimiu dos pecados do passado, presente e futuro, conseguimos amar a todos, quando nos arrependemos diante de Deus, nos convertemos dos nossos maus caminhos e recebemos o Seu perdão. Como as pessoas do mundo não creem em Jesus Cristo, entretanto, não há perdão para elas, mesmo que elas se arrependam, e elas não conseguem amar de verdade aos outros, já que não têm a direção do Espírito Santo.

Mesmo se o seu irmão o odiar, você deve ter o tipo de coração em que você fica firme na verdade, o entende e lhe perdoa, para que você não se torne pecador. Se odiarmos nossos irmãos, ao invés de amá-los, estaremos pecando diante de Deus, perderemos a plenitude do Espírito Santo e acabaremos ficando infelizes e tolos, gastando todos os nossos dias lamentando. E é claro que, nesse caso, não devemos esperar que Deus nos responda.

Somente com a ajuda do Espírito Santo é que podemos amar, entender e perdoar nossos irmãos, e receber de Deus tudo que pedirmos.

Destruindo o Muro da Desobediência aos Mandamentos de Deus

Em João 14:21, Jesus nos diz: *"Quem tem os meus mandamentos e lhes obedece, esse é o que me ama. Aquele que me ama será amado por meu Pai, e eu também o amarei e me revelarei a ele."* Por essa razão, 1 João 3:21 nos fala; *"Amados, se o nosso coração não nos condenar, temos confiança diante de Deus."* Em outras palavras, se um muro de pecados foi erguido entre nós e Deus por causa da nossa desobediência aos Seus mandamentos, não podemos receber respostas às nossas orações. Somente quando os filhos de Deus obedecem aos mandamentos do Pai e fazem o que Lhe é agradável é que eles podem pedir-Lhe com confiança qualquer coisa que desejarem, e receber.

1 João 3:24 nos lembra: *"Os que obedecem aos seus mandamentos nele permanecem, e ele neles. Do seguinte modo sabemos que ele permanece em nós: pelo Espírito que*

nos deu." É enfatizado que só quando o coração da pessoa está cheio da verdade, através de sua total entrega ao Senhor e da vida na direção do Espírito Santo, é que ela pode receber tudo o que pede, e ainda ter todas as áreas de sua vida bem sucedidas.

Por exemplo, se existissem cem quartos no coração de uma pessoa, e ela entregasse todos eles ao Senhor, sua alma prosperaria e ela receberia a bênção de ter tudo, indo bem consigo mesma. No entanto, se essa mesma pessoa desse ao Senhor cinquenta dos quartos do seu coração e usasse a outra metade como bem entendesse, ela não poderia receber sempre Suas respostas, pois receberia a direção do Espírito Santo só a metade do tempo de suas orações – a outra metade seria usada para pedir, conforme a conveniência de seus desejos carnais. Como o nosso Senhor habita em cada um de nós, mesmo quando estamos diante de um obstáculo, Ele nos fortalece para contorná-lo ou evitá-lo, trabalha para que tudo coopere para nosso bem, e nos leva a prosperar.

Quando agradamos a Deus em obedecer aos Seus mandamentos, vivemos Nele e Ele em nós; podemos glorificá-Lo e receber tudo que pedirmos. Que possamos destruir o muro do pecado da desobediência aos mandamentos de Deus, ser confiantes perante Ele e dar-Lhe glórias ao receber tudo aquilo que pedirmos.

Destrua o Muro do Pecado de Orar Para Satisfazer Suas Vontades Carnais

Deus nos fala para fazermos tudo para glória Dele (1

Coríntios 10:31). Se orarmos por qualquer coisa que não seja para a glória Dele, estaremos buscando a satisfação dos nossos desejos e vontades carnais, não podendo, pois, sermos respondidos por Deus (Tiago 4:3).

Por um lado, se você buscar bênçãos materiais para o reino de Deus e Sua justiça, alívio do pobre e salvação de alma, você receberá as respostas do Pai, porque de fato estará procurando glorificá-Lo. Por outro lado, se você buscar bênçãos materiais, esperando poder se orgulhar diante do seu irmão, dizendo: "Como você pode ser pobre quando está frequentando a igreja", você de fato está orando segundo a maldade do seu coração, para satisfazer suas cobiças e, para essa oração, não terá resposta. Até nesse mundo, pais que verdadeiramente amam seus filhos lhes dão R$100,00 para gastarem como quiserem. Da mesma forma, Deus não quer que Seus filhos sigam pelo caminho errado e, por isso, Ele responde a todos os seus pedidos.

1 João 5:14-15 nos diz: *"Esta é a confiança que temos ao nos aproximarmos de Deus: se pedirmos alguma coisa de acordo com a vontade de Deus, ele nos ouvirá. E se sabemos que ele nos ouve em tudo o que pedimos, sabemos que temos o que a Ele pedimos."* Só quando descartamos nossas vontades carnais e oramos de acordo com a vontade de Deus e para a Sua glória, é que recebemos tudo aquilo que pedimos.

Destrua o Muro do Pecado de Duvidar ao Orar

Deus Se alegra quando demonstramos a Ele a nossa fé e,

sem fé, é impossível agradar-Lhe (Hebreus 11:6). Na própria Bíblia podemos encontrar diversos exemplos em que as respostas de Deus foram dadas àqueles que demonstraram a Ele sua fé (Mateus 20:29-34; Marcos 5:22-43. 9:17-27, 10:46-52). Quando as pessoas, mesmo sendo discípulas de Jesus, não demonstraram crer em Deus, foram repreendidas por sua 'pequena fé' (Mateus 8:23-27). Quando as pessoas demonstraram sua grande fé Nele, ainda que fossem gentias, eram louvadas (Mateus 15:28).

Deus repreende aqueles que são incapazes de crer e, por mais que seja só um pouco, duvidam (Marcos 9:16-19); e diz que, se alimentarmos o mínimo de dúvida que seja quando estivermos orando, não devemos pensar que receberemos alguma coisa do Senhor (Tiago 1:6-7). Em outras palavras, ainda que jejuemos e oremos a noite toda, se a nossa oração estiver cheia de dúvidas, não devemos ter a menor esperança de receber as respostas de Deus.

Além do mais, Deus nos lembra: *"Eu lhes asseguro que se alguém disser a este monte: 'Levante-se e atire-se no mar', e não duvidar em seu coração, mas crer que acontecerá o que diz, assim lhe será feito. Portanto, eu lhes digo: Tudo o que vocês pedirem em oração, creiam que já o receberam, e assim lhes sucederá"* (Marcos 11:23-24).

Uma vez que *"Deus não é homem para que minta, nem filho de homem para que se arrependa"* (Números 23:19), como prometido, Deus realmente responde a oração de todos aqueles que creem e pedem para a glória Dele. Pessoas que amam a Deus e professam sua fé automaticamente creem Nele e buscam glorificá-Lo, e é por isso que a Bíblia diz que elas podem pedir o que quiserem. Ao crerem, pedirem e receberem respostas a tudo o que pedem, essas pessoas podem dar glórias a Deus. Que nós possamos nos livrar das dúvidas e crer, pedir e receber de Deus, para que Ele seja glorificado, para a alegria do nosso coração.

Destrua O Muro do Pecado de Não Semear Diante de Deus

Como Governador de todas as coisas do universo, Deus estabeleceu as leis do mundo espiritual e, como um justo Juiz, Ele faz com que tudo aconteça seguindo uma ordem.

O rei Dario não pôde resgatar seu amado servo Daniel da cova dos leões, pois, mesmo sendo rei, ele não podia desobedecer ao decreto que ele mesmo havia estabelecido. Da mesma forma, uma vez que Deus não pode desobedecer às leis do mundo espiritual, que *Ele mesmo* estabeleceu, tudo no universo corre sistematicamente sob Sua supervisão. Logo, "de Deus não se zomba", e Ele permite que o homem colha tudo aquilo que semeia (Gálatas 6:7). Se a pessoa semeia oração, ela recebe bênçãos espirituais; se ela semeia tempo, recebe boa saúde; se faz ofertas, Deus a guarda de problemas em seus negócios, trabalho e em casa e lhe dá bênçãos materiais cada vez maiores.

Quando semeamos de várias formas diante de Deus, Ele responde a nossa oração e nos dá tudo aquilo que pedimos. Que possamos, pois, não apenas produzir frutos abundantes, mas também receber tudo o que pedirmos, semeando com zelo diante do Pai.

Além dos seis muros de pecado mencionados acima, "pecados" também são desejos e obras da carne como injustiça, inveja, raiva, ira, orgulho, não lutar contra o pecado a ponto de derramar sangue, e não ser zeloso no reino de Deus. Ao aprendermos e entendermos os diversos fatores que constituem um muro de pecado entre nós e Deus, que possamos destruir esse muro, receber sempre as respostas Dele e, consequentemente, glorificá-Lo. Todos nós devemos ser crentes que desfrutam de boa saúde e têm todas as áreas da vida indo bem, à medida que nossa alma prospera.

Baseados na palavra de Deus em Isaías 59:1-2: examinamos uma série de fatores que constituem um muro entre nós e Deus. Que cada um de vocês possa ser um filho abençoado de Deus, que entenda primeiro a origem desse muro, destrua-o, desfrute de boa saúde e tenha tudo indo bem em sua vida. E, à medida que sua alma prospera, glorifique a Deus, recebendo Dele tudo o que pedir. Em nome de Jesus Cristo, eu oro!

Capítulo 5

Você Colhe o que Plantou

2 Coríntios 9:6-7

Lembrem-se: aquele que semeia pouco, também colherá pouco, e aquele que semeia com fartura, também colherá fartamente. Cada um dê, conforme determinou em seu coração, não com pesar ou por obrigação, pois Deus ama quem dá com alegria.

Todo outono podemos ver abundantes ondas douradas de arroz prontas para a colheita no campo. Para que esse arroz seja colhido, sabemos que é necessário o trabalho e dedicação dos agricultores, desde o plantio das sementes e a fertilização do solo até o cuidado que se pratica com o arroz durante a primavera e o verão.

O agricultor que tem grande área de plantio e semeia mais sementes deve trabalhar mais que aqueles que plantam menos. No entanto, esperando ter uma colheita também grande, ele trabalha mais diligente e ardorosamente que o segundo. Assim como a lei da natureza dita: "Se colhe o que se planta", devemos saber que as leis de Deus, que é o Dono do mundo espiritual, seguem o mesmo padrão.

Muitos cristãos dos dias de hoje ficam pedindo a Deus para satisfazer os desejos dos seus corações, sem semear, enquanto outros reclamam da falta de respostas Dele, apesar de sua muita oração. Embora Deus queira responder a todos os Seus filhos e abençoá-los abundantemente, o homem, muitas vezes, não entende a lei da semeadura e, portanto, não recebe de Deus aquilo que deseja.

Baseados na lei da natureza que nos diz: "Se colhe o que se planta", que possamos saber o quê e como plantaremos algo, a fim de recebermos as respostas de Deus e glorificá-Lo.

O Campo Deve Ser Cultivado

Antes de semear, o agricultor precisa preparar a terra. Ele recolhe as pedras, nivela o solo e cria o ambiente e as condições propícias, para que as sementes cresçam adequadamente. Mesmo uma terra desolada pode se tornar solo fértil – tudo depende do trabalho e dedicação de quem a prepara.

A Bíblia compara o coração das pessoas a quatro tipos diferentes de solo (Mateus 13:3-9).

O primeiro é o solo "à beira do caminho."

O solo à beira do caminho é sólido. A pessoa com um coração assim vai à igreja, mas mesmo depois de ouvir a palavra, não abre a porta do seu coração. Portanto, ela não consegue conhecer a Deus e, devido à sua falta de fé, não consegue ser iluminada.

O segundo tipo é o "solo pedregoso."

No solo pedregoso, brotos não conseguem crescer adequadamente por causa das pedras. A pessoa com um coração assim tem a palavra como mero conhecimento e a sua fé não é seguida por obras. Como lhe falta a certeza da fé, ela rapidamente cai em tempos de provação e sofrimento.

O terceiro é o "solo espinhoso."

No solo espinhoso, como os espinhos crescem e sufocam as plantas, bons frutos não podem ser colhidos. A pessoa com um coração assim crê na palavra de Deus e tenta segui-la. No entanto, ela não age segundo a vontade Dele, mas segue os seus desejos carnais. Como o crescimento da palavra plantada nesse coração é prejudicado pela tentação do egoísmo, lucro ou preocupações deste mundo, a pessoa não pode produzir frutos. Por mais que ela ore, ela não consegue confiar no Deus "invisível" e, assim, logo se envolve em seus próprios caminhos e pensamentos. É por isso que ela não consegue experimentar o poder de Deus – Ele só a observa de longe.

O quarto é o "bom solo."

O crente, cujo coração tem um bom solo, diz "Amém" a tudo que é palavra de Deus e obedece a ela pela fé, sem usar nenhum pensamento ou cálculo humano. Quando sementes são plantadas em seu coração, elas crescem e produzem frutos a cem, sessenta e trinta por um.

Jesus só disse "Amém" e foi fiel à palavra de Deus (Filipenses 2:5-8). Da mesma forma, a pessoa com um "bom solo" é incondicionalmente fiel à palavra de Deus e vive de acordo com ela. Se a Sua palavra fala para ela sempre se regozijar, ela está sempre alegre em todas as circunstâncias. Se a Sua palavra fala para ela orar continuamente, ela ora sem cessar. A pessoa com um "bom solo" no coração consegue sempre se comunicar com Deus, receber tudo o que pede em oração e viver segundo a Sua vontade.

Independente do tipo de solo que possamos ter neste momento, que possamos sempre buscar ter um solo bom.

Podemos recolher as pedras e arar o solo pedregoso, remover os espinhos do espinhoso e fertilizar todo tipo de solo.

Então, como podemos transformar nossos corações em "bons solos"?

Primeiro, temos de adorar a Deus em espírito e em verdade.

Devemos oferecer a Deus toda a nossa mente, vontade, dedicação e força e, com amor, o nosso coração. Só então poderemos ficar imunes de pensamentos ociosos, fadiga e sonolência, e conseguiremos transformar nossos corações em bons solos, com o poder que vem do alto.

Segundo, temos de rejeitar o pecado, a ponto de derramarmos sangue.

À medida que obedecemos à palavra de Deus, incluindo as ordens. "Fazei" e "Não façais", e vivemos segundo ela, o nosso coração se transforma gradativamente em um bom solo. Quando, por exemplo, a inveja, o ciúme e o ódio são descobertos em nosso coração, só com orações fervorosas nosso coração é transformado em solo bom.

Quanto mais examinamos o solo do nosso coração e o cultivamos, mais a nossa fé cresce e, com o amor de Deus, todas as áreas da nossa vida vão bem. Devemos cultivar zelosamente a nossa terra, pois, quanto mais vivemos pela palavra de Deus, mais a nossa fé espiritual cresce. Quanto mais a nossa fé espiritual cresce, mais "solo bom" podemos possuir. Por isso é que devemos cultivar nossos corações com bastante diligência.

Devemos Plantar Diferentes Sementes

Depois de arar a terra, o agricultor planta as sementes. Assim como ingerimos diferentes tipos de comida com balanceamento, para mantermos uma boa saúde, o agricultor planta e cultiva diferentes sementes como arroz, trigo, legumes, feijão e outras coisas.

Ao semearmos diante de Deus, devemos plantar diferentes coisas. "Semear" espiritualmente se refere a obedecer, entre as ordens de Deus, ao que Ele nos fala para fazermos. Por exemplo, se Deus nos fala para regozijarmo-nos sempre, podemos semear com a nossa alegria advinda da nossa esperança pelo céu e, com essa alegria, Deus Se alegra e nos concede os desejos dos nossos corações (Salmo 37:4). Se Ele nos fala para "Pregarmos o Evangelho", devemos diligentemente espalhar a palavra de Deus. Se Ele nos fala para "Amarmos Uns aos Outros", "Sermos fiéis", "Sermos Gratos" e "Orar", devemos fazer exata e diligentemente tudo isso.

Além disso, uma vez que viver segundo a palavra de Deus, como dar o dízimo e guardar o Sábado são atos de semear diante Dele, aquilo que semeamos pode brotar, crescer, dar flores e frutos abundantes.

Se semearmos parcimoniosa e relutantemente, ou sob compulsão, Deus não aceita o nosso esforço. Assim como o agricultor planta suas sementes esperando uma boa colheita no outono, pela fé devemos crer e fixar nossos olhos em Deus, que nos abençoa cem, sessenta e trinta vezes mais do que plantamos.

Hebreus 11:6 diz: *"Sem fé é impossível agradar a Deus, pois quem dele se aproxima precisa crer que ele existe e que recompensa aqueles que o buscam."* Depositando nossa confiança em Sua palavra, olhando para o nosso Deus, que nos recompensa e semeando diante Dele, podemos colher abundantemente neste mundo, além de armazenarmos tesouros no céu.

O Solo Deve Ser Cuidado com Perseverança e Dedicação

Depois de plantar, o agricultor cuida do solo com todo o zelo. Ele rega as plantas, tira as ervas daninhas e afasta os insetos. Sem esses perseverantes esforços, as plantas podem crescer, mas depois murcham e morrem antes de dar frutos.

Espiritualmente, "água" é a Palavra de Deus. Como Jesus nos diz em João 4:14: *"mas quem beber da água que eu lhe der nunca mais terá sede. Ao contrário, a água que eu lhe der se tornará nele uma fonte de água a jorrar para a vida eterna"*, a água simboliza a vida eterna e a verdade. "Afastar os insetos" significa guardar a palavra de Deus plantada em nosso coração dos ataques do inimigo. Através da adoração, louvor e oração, a completude do nosso coração pode ser mantida, mesmo se o inimigo vier interferir no processo do cultivo.

"Arrancar as ervas daninhas" é o processo pelo qual nos

livramos de inverdades como a raiva, o ódio e coisas do tipo. À medida que oramos diligentemente e lutamos para nos despojarmos de ódio e raiva, a raiva é arrancada pela raiz, enquanto uma semente de mansidão brota; e o ódio é também arrancado, dando lugar a uma semente de amor. Quando as inverdades são tiradas e a interferência do diabo afastada, podemos crescer como verdadeiros filhos de Deus.

Um fator importante no cuidado do solo, depois de plantar as sementes, é esperar com perseverança pelo tempo certo da colheita. Se o agricultor cavar a terra logo depois de semear para ver se as sementes estão brotando ou não, elas podem apodrecer facilmente. Até que o tempo da colheita chegue, é preciso ter muita dedicação e perseverança.

O tempo necessário para colher os frutos varia de semente para semente. Enquanto o melão e a melancia podem frutificar em menos de um ano, a maçã e pera demoram alguns. A alegria da pessoa que plantou o ginseng é bem maior do que a que plantou a melancia, pois o valor do ginseng, que é cultivado por anos, não pode se comparar ao valor de melancias, que crescem num curto período de tempo.

Da mesma maneira, quando semeamos diante de Deus, de acordo com a Sua palavra, às vezes podemos receber Suas respostas e colher frutos na mesma hora, mas, às vezes, precisamos esperar mais tempo também. Como Gálatas 6:9 nos lembra: *"E não nos cansemos de fazer o bem, pois no tempo próprio colheremos, se não desanimarmos"*, devemos cuidar do solo sempre com perseverança e dedicação, até o tempo certo de colhermos.

Você Colhe Aquilo que Plantou

Em João 12:24 Jesus nos diz: *"Digo-lhes verdadeiramente que, se o grão de trigo não cair na terra e não morrer, continuará ele só. Mas se morrer, dará muito fruto."* Dentro da Sua lei, o Deus de justiça plantou Jesus Cristo, Seu único Filho, como sacrifício expiatório da humanidade e permitiu que Ele se tornasse um grão de trigo, caísse e morresse. Por meio de Sua morte, Jesus produziu muitos frutos.

Uma lei do mundo espiritual, semelhante à lei da natureza que dita "Se colhe o que se planta", é uma lei de Deus que não pode ser violada. Gálatas 6:7-8 nos diz explicitamente: *"Não se deixem enganar: de Deus não se zomba. Pois o que o homem semear, isso também colherá. Quem semeia para a sua carne, da carne colherá destruição; mas quem semeia para o Espírito, do Espírito colherá a vida eterna."*

Quando o agricultor planta a semente na terra, dependendo da semente, ele pode ter algumas colheitas primeiro que outras, e continua semeando à medida que colhe. Quanto mais ele semeia e cuida do seu plantio com diligência, maior é a colheita. Da mesma forma, até no nosso relacionamento com Deus nós colhemos o que plantamos.

Se você semeia oração e louvor, pelo poder do alto você consegue viver segundo a palavra de Deus e a sua alma prospera. Se você trabalhar fielmente pelo reino de Deus, não terá doenças e será abençoado física e espiritualmente. Se você zelosamente semear com suas posses materiais, dízimos e ofertas de ações de graças, Ele lhe dará bênçãos materiais ainda maiores que você utilizará para o Seu reino e justiça.

O nosso Senhor, que recompensa a todos de acordo com o que fazem, nos diz em João 5:29: *"e sairão; os que fizeram o bem ressuscitarão para a vida, e os que fizeram o mal ressuscitarão para serem condenados."* Portanto, devemos viver com a direção do Espírito Santo e fazer o bem em nossas vidas.

Se a pessoa semeia, não para o Espírito Santo, mas para os seus próprios desejos, só lhe resta colher coisas deste mundo, que no fim, passam. Se você medir e julgar os outros, você também será medido e condenado, como diz a palavra de Deus em Mateus 7:1-2: *"Não julguem, para que vocês não sejam julgados. Pois da mesma forma que julgarem, vocês serão julgados; e a medida que usarem, também será usada para medir vocês."*

Deus nos perdoou todos os pecados que cometemos antes de aceitarmos Jesus Cristo. Entretanto, se pecarmos depois de sabermos sobre a verdade e o pecado, por mais que nos arrependamos e sejamos perdoados, receberemos o que plantamos

Se semeamos pecado, segundo as leis do mundo espiritual, colheremos o fruto do nosso pecado e enfrentaremos tempos de tribulação e sofrimento.

Quando Davi, estimado por Deus, pecou, Deus lhe disse: *"Por que você desprezou a palavra do Senhor, fazendo o que Ele reprova? De sua própria família trarei desgraça sobre você"*

(2 Samuel 12:9, 11). Davi foi perdoado de seus pecados quando se arrependeu – *"Pequei contra o SENHOR"* – mas também sabemos que Deus fez com que o filho que a mulher de Urias dera a Davi adoecesse e morresse (2 Samuel 12:13-15).

Devemos viver segundo a verdade e fazer o bem, lembrando que colhemos aquilo que plantamos e, assim, semeando para o Espírito Santo, recebendo a vida eterna Dele, seremos sempre abençoados com as transbordantes bênçãos de Deus.

Na Bíblia existem muitos indivíduos que agradaram a Deus e, subsequentemente, receberam Suas abundantes bênçãos. A mulher de Suném tratava Eliseu, homem de Deus, com muito respeito e cortesia. Ele ficava em sua casa sempre que ia àquela área. Depois de conversar com o seu esposo sobre preparar um quarto de hóspedes para Eliseu, ela construiu um quarto de tijolos e colocou nele uma cama, uma mesa, uma cadeira e uma lamparina, incentivando o profeta a ficar ali sempre que precisasse (2 Reis 4:8-10).

Eliseu foi profundamente tocado pela devoção da mulher e, quando descobriu que seu marido era velho, que o casal não tinha filhos e que ter um filho era o desejo dela, Eliseu pediu a Deus pela bênção da sua concepção e Ele deu a ela um filho um ano depois. (2 Reis 4:11-17).

Como Deus nos promete em Salmo 37:4: *"Deleite-se no Senhor, e ele atenderá aos desejos do seu coração"*, a mulher de Suném teve os desejos de seu coração satisfeitos, ao tratar um servo de Deus com carinho e dedicação (2 Reis 4:8-17).

Em Atos 9:36-40 há o registro de uma mulher em Jope, chamada Tabita, que se dedicava a praticar a caridade e dar esmolas. Quando ela ficou doente e morreu, os discípulos deram a notícia a Pedro. Ao chegar ao local onde ela estava, as viúvas mostraram a Pedro os vestidos e outras roupas que Tabita tinha feito, implorando que a trouxesse de volta à vida. Pedro se comoveu profundamente e orou intensamente a Deus. Quando ele disse: "Tabita, levante-se", ela abriu os olhos e sentou-se. Como Tabita tinha semeado o bem diante de Deus, ajudando os pobres, ela pôde receber a bênção de ter a sua vida estendida.

Em Marcos 12:44 há o registro de uma viúva pobre que deu seu tudo a Deus. Jesus, que via a multidão ofertar no templo, disse aos Seus discípulo: *"Todos deram do que lhes sobrava; mas ela, da sua pobreza, deu tudo o que possuía para viver"* e a louvou. Não é difícil crer que ela, mais tarde, recebeu bênçãos maiores em sua vida.

Segundo as leis do mundo espiritual, o Deus de justiça permite que colhamos o que semeamos e nos recompensa de acordo com o que fazemos. Como Ele trabalha segundo a fé de cada indivíduo, à medida que a pessoa crê e obedece à Sua palavra, devemos entender que podemos receber tudo o que pedimos em oração. Com essa mente, que cada um de vocês possa examinar seu coração, cultivar o bom solo diligentemente, semear muitas sementes, cuidar da plantação com perseverança e dedicação e colher frutos abundantes. Em nome do nosso Senhor Jesus Cristo, eu oro!

Capítulo 6

Elias Recebe a Resposta de Deus com Fogo

1 Reis 18:41-45

E Elias disse a Acabe: "Vá comer e beber, pois já ouço o barulho de chuva pesada." Então Acabe foi comer e beber, mas Elias subiu até o alto do Carmelo, dobrou-se até o chão e pôs o rosto entre os joelhos. "Vá e olhe na direção do mar", disse ao seu servo. E ele foi e olhou. "Não há nada lá", disse ele. Sete vezes Elias mandou: "Volte para ver." Na sétima vez o servo disse: "Uma nuvem tão pequena quanto a mão de um homem está se levantando do mar." Então Elias disse: "Vá dizer a Acabe: Prepare o seu carro e desça, antes que a chuva o impeça." Enquanto isso, nuvens escuras apareceram no céu, começou a ventar e a chover forte, e Acabe partiu de carro para Jezreel.

Elias, poderoso servo de Deus, pôde dar testemunho do Deus vivo e tornar possível os israelitas idólatras se arrependerem dos seus pecados através da resposta de Deus com fogo, que ele pediu e recebeu. Além do mais, quando já havia três anos e meio que não chovia, por causa da ira de Deus para com os israelitas, foi Elias que operou o milagre de acabar com a seca e trazer chuva forte.

Se cremos no Deus vivo, nós também devemos receber Sua resposta com fogo como Elias e glorificá-Lo.

Explorando a fé de Elias, pela qual ele recebeu a resposta de Deus com fogo e viu o cumprimento dos desejos do seu coração com seus próprios olhos, que possamos também ser filhos abençoados de Deus, que sempre recebem as respostas do Pai, com fogo.

A Fé de Elias, Servo de Deus

Como escolhido de Deus, os israelitas tinham de adorar só a Deus, mas seus reis começaram a fazer o que era mal aos Seus olhos e adorar a ídolos. No tempo em que Acabe tornou-se rei, o povo de Israel estava praticando ainda mais maldades e a idolatria atingiu seu ponto máximo. A ira de Deus contra Israel transformou-se na calamidade de três anos e meio de seca. Ele então estabeleceu Elias como Seu servo e, através dele, manifestou Suas obras.

Deus disse a Elias: *"Vá apresentar-se a Acabe, pois enviarei chuva sobre a terra"* (1 Reis 18:1).

Moisés, que tirou os israelitas do Egito, primeiro desobedeceu a Deus, quando Ele ordenou que ele fosse para diante do faraó. Quando Samuel recebeu a ordem de ungir Davi, no início, ele também desobedeceu a Deus. No entanto, quando Deus disse a Elias para ir ter com Acabe, exatamente o rei que vinha tentando matá-lo há 3 anos, ele Lhe obedeceu incondicionalmente e mostrou-Lhe o tipo de fé com a qual Ele se alegra.

Como Elias obedecia e cria em tudo que era palavra de Deus, através dele Deus pôde manifestar Suas obras diversas vezes. Deus agradava da fé obediente de Elias, o amava e o reconhecia como Seu servo, acompanhando-o onde quer que fosse, e estando com ele em todas as coisas. Como Deus aprovava a fé de Elias, ele ressuscitou mortos, recebeu Sua resposta com fogo e foi levado ao céu por um redemoinho. Embora exista só um Deus, que está sentado em Seu trono celestial, Ele pode ver todas as coisas do universo e trabalhar onde estiver presente. Como lemos em Marcos 16.20: *"Então, os discípulos saíram e pregaram por toda parte; e o Senhor cooperava com eles, confirmando-lhes a palavra com os sinais que a acompanhavam."* Quando uma pessoa e sua fé são reconhecidas e confirmadas por Deus, milagres e respostas a acompanham como manifestação de Suas obras.

Elias Recebe a Resposta de Deus com Fogo

Uma vez que a fé de Elias era grande e ele era obediente o bastante para receber o reconhecimento de Deus, o profeta pôde profetizar corajosamente sobre a seca iminente em Israel.

Ele pôde proclamar ao rei Acabe: *"Juro pelo nome do Senhor, o Deus de Israel, a quem sirvo, que não cairá orvalho nem chuva nos anos seguintes, exceto mediante a minha palavra"* (1 Reis 17:1).

Como Deus já sabia que Acabe procuraria matar Elias, que profetizou sobre a seca, Ele o levou para perto do riacho de Querite, falou para ficar ali um pouco, e ordenou que corvos lhe trouxessem pão e carne de manhã e de tarde. Quando o riacho secou pela falta de chuva, Deus enviou o profeta a Sarepta de Sidom e fez com que uma viúva lhe desse comida.

O filho daquela viúva ficou doente e, depois de piorar cada vez mais, acabou morrendo. Elias então clamou a Deus em oração dizendo: *"Ó Senhor, meu Deus, faze voltar a vida a este menino!"* (1 Reis 17:21)

Deus ouviu a oração de Elias e ressuscitou o menino. Com esse incidente, Deus provou que Elias era um homem de Deus e que a Sua palavra na boca dele era verdade (1 Reis 17:24).

As pessoas da nossa geração vivem num tempo em que não conseguem crer em Deus, a menos que vejam sinais miraculosos e maravilhas (João 4:48). A fim de dar testemunho do Deus vivo nos dias de hoje, cada um de nós precisa estar armado com o mesmo tipo de fé que Elias tinha e assumir a responsabilidade de espalhar o evangelho ousadamente.

No terceiro ano, a partir da profecia de Elias que dizia: *"não cairá orvalho nem chuva, exceto mediante a minha palavra"*,

Deus falou ao Seu profeta: *"Vá apresentar-se a Acabe, pois enviarei chuva sobre a terra"* (1 Reis 18:1). Em Lucas 4:25 vemos que, *"no tempo de Elias, quando o céu foi fechado por três anos e meio, e houve uma grande fome em toda a terra."* Em outras palavras, não choveu em Israel durante três anos e meio. Antes de Elias ir ter com Acabe pela segunda vez, o rei havia procurado pelo profeta até nos países vizinhos – em vão – acreditando ser ele o culpado por aquela calamidade.

Apesar de saber que poderia morrer no momento em que se encontrasse com Acabe, ele corajosamente obedeceu à palavra de Deus e, quando ficou diante do rei, este lhe perguntou: *"É você mesmo, perturbador de Israel?"* (1 Reis 18:17) A isso Elias respondeu: *"Não tenho perturbado Israel, mas você e a família do seu pai têm. Vocês abandonaram os mandamentos do Senhor e seguiram os baalins"* (1 Reis 18:18). Ele fez com que o rei soubesse qual era a vontade de Deus e nunca teve medo. Elias deu mais um passo e disse: *"Agora convoque todo o povo de Israel para encontrar-se comigo no monte Carmelo. E traga os quatrocentos e cinquenta profetas de Baal e os quatrocentos profetas de Aserá, que comem à mesa de Jezabel"* (1 Reis 18:19).

Uma vez que Elias sabia muito bem que a seca havia vindo sobre Israel por causa da idolatria de seu povo, ele quis competir com os 850 profetas de ídolos e afirmou: *"O deus que responder por meio do fogo – esse é Deus"* (1 Reis 18:24). Como Elias cria em Deus, ele mostrou a Ele a fé através da qual ele cria que Deus responderia com fogo.

Então ele disse aos profetas de Baal: *"Escolham um dos novilhos e preparem-no primeiro, visto que vocês são tantos. Clamem pelo nome do seu deus, mas não acendam o fogo"* (1 Reis 18:25). Ao não receberem nenhuma resposta desde a manhã até o meio-dia, Elias zombou deles.

Elias cria que Deus lhe responderia com fogo e, com alegria, ordenou aos israelitas a construírem o altar e derramar água sobre a oferta na madeira, e orou a Deus.

> *Responde-me, ó Senhor, responde-me, para que este povo saiba que tu, ó Senhor, és Deus, e que fazes o coração deles voltar para ti.* (1 Reis 18:37)

Com isso, o fogo do SENHOR caiu e queimou completamente o holocausto, a lenha, as pedras e o chão, e também secou totalmente a água da valeta. Quando todas as pessoas viram aquilo, todos caíram prostrados e gritaram: *"O Senhor é Deus! O Senhor é Deus!"* (1 Reis 18:38-39)

Tudo isso foi possível porque Elias não duvidou nem um pouco quando pediu a Deus (Tiago 1:6) e creu que já tinha recebido o que pedira em oração (Marcos 11:24).

Por que Elias pediu que derramassem água sobre o holocausto para depois orar? Como a seca durava três anos e meio, a coisa mais escassa e preciosa era a água. Ao encher quatro jarras grandes de água e derramá-la sobre a oferta três vezes (1 Reis 18:33-34), Elis demonstrou sua fé a Deus e ofereceu-Lhe aquilo que tinha como mais precioso. Deus, que ama ao que dá com alegria (2 Coríntios 9:7), não apenas permitiu que Elias colhesse o que havia plantado, mas também respondeu ao profeta com fogo, provando para todos os israelitas que Deus está vivo de fato.

Ao seguirmos os passos de Elias, demonstrarmos nossa fé em Deus, darmos a Ele o que temos de mais precioso e nos prepararmos para recebermos respostas às nossas orações, podemos testemunhar o Deus vivo a todas as pessoas, com Suas respostas com fogo.

Elias Faz Chover Forte

Depois de apresentar o Deus vivo aos israelitas, através de Sua resposta de fogo, e fazer o povo idólatra se arrepender, Elias lembrou-se do juramento que havia feito a Acabe: *"Juro, pelo nome do Senhor, o Deus de Israel, a quem sirvo, que não cairá orvalho nem chuva nos anos seguintes, exceto mediante a minha palavra"* (1 Reis 17:1). Ele disse ao rei: *"Vá comer e beber, pois já ouço o barulho de chuva pesada"* (1 Reis 18:41), e subiu até o alto do Carmelo. Tudo isso a fim de que a palavra de Deus, "enviarei chuva sobre a terra", fosse cumprida.

Ao chegar ao alto do Carmelo, Elias dobrou-se até o chão e pôs o rosto entre os joelhos. Por que ele orou dessa maneira? Ele estava bastante angustiado enquanto orava.

Através dessa imagem, podemos presumir o quão intensamente Elias clamou a Deus com todo o seu coração. Além do mais, enquanto ele não viu Suas respostas com seus próprios olhos, ele não parou de orar. O profeta instruiu seu servo a olhar em direção ao mar e orou naquela posição sete vezes, até que ele pudesse ver uma nuvem do tamanho da mão de um homem. Isso foi mais do que o suficiente para impressionar a Deus e sacudir o Seu trono celestial. Uma vez que Elias fez chover depois de três anos e meio de seca, pode-se presumir que sua oração foi muito poderosa.

Quando Elias recebeu a resposta de Deus com fogo, ele reconheceu com seus lábios que Deus trabalharia por ele, mesmo não tendo falado; e ele fez o mesmo quando fez chover. Ao ver uma nuvem do tamanho da mão de um homem, o profeta mandou uma palavra a Acabe: *"Prepare o seu carro e desça, antes que a chuva o impeça"* (1 Reis 18:44). Como Elias tinha a fé com a qual podia reconhecer uma coisa com seus lábios, apesar de não conseguir vê-la (Hebreus 11:1), Deus pôde trabalhar de acordo com a fé dele e, de fato, segundo a fé de Elias, em pouco tempo o céu ficou negro com nuvens e vento, e choveu forte (1 Reis 18:45).

Devemos crer que Deus, que respondeu Elias com fogo e uma chuva muito desejada depois de três anos e meio de seca, é o mesmo Deus que expulsa tribulações e sofrimentos das nossas vidas, satisfaz os desejos do nosso coração, e nos abençoa maravilhosamente.

Neste ponto, tenho certeza de que você já entendeu que, a fim de receber a resposta de Deus com fogo, glorificá-Lo e satisfazer os desejos do seu coração, você precisa primeiro demonstrar a Ele o tipo de fé com a qual Ele se alegra, destruir qualquer muro de pecado entre você e Ele e pedir qualquer coisa a Ele sem duvidar.

Segundo, você deve construir um altar diante de Deus com alegria, ofertar diante Dele e orar intensamente. Terceiro, enquanto não receber Suas respostas, você precisa reconhecer com seus lábios que Ele trabalhará por você. Deus então se alegrará muito e responderá sua oração, a fim de que você possa dar glórias a Ele com o que estiver dentro do seu coração.

O nosso Deus nos responde quando oramos a Ele a respeito de problemas com a nossa alma, filhos, saúde, trabalho, ou qualquer outra coisa, e recebe a glória que Lhe damos. Que possamos ter uma fé completa como a de Elias, orar até sermos respondidos e nos tornarmos filhos abençoados de Deus, que sempre glorificam o Pai!

Capítulo 7

Como Realizar os Desejos
do Seu Coração

Salmo 37:4

Deleite-se no Senhor, e ele atenderá aos desejos do seu coração.

Muitas pessoas hoje procuram respostas de Deus para uma variedade de problemas. Elas, com zelo, oram, jejuam e fazem vigílias por curas, reconstrução de seus negócios falidos, concepção de crianças e bênçãos materiais. Infelizmente, existem mais pessoas que não recebem as respostas de Deus do que aquelas que conseguem receber e glorificam a Ele.

Quando as pessoas não ouvem a reposta de Deus dentro de um ou dois meses, elas se cansam e dizem: "Deus não existe." Viram as costas para Ele e começam a adorar a ídolos, profanando, assim, o Seu nome. Se uma pessoa frequenta a igreja, mas não recebe o poder de Deus e não O glorifica, como podemos dizer que a sua fé é verdadeira?

Se a pessoa professa crer em Deus de verdade, então, como Sua filha, ela deve conseguir ter os desejos do seu coração satisfeitos e realizar tudo aquilo que quiser durante sua vida nesta terra. Contudo, muitos não conseguem realizar os desejos dos seus corações, mesmo dizendo crer em Deus. Isso acontece porque eles não conhecem a si mesmos. Com a passagem sobre a qual este capítulo está baseado, exploraremos as formas de alcançar os desejos dos nossos corações.

Primeiro, a Pessoa Deve Examinar o Seu Próprio Coração

Cada pessoa deve olhar para dentro de si mesmo e checar se verdadeiramente crê no Deus Todo Poderoso, se uma metade do coração crê e a outra duvida, ou se tem um coração perspicaz, que só busca algum tipo de sorte. Antes de vir para Jesus, a maioria das pessoas passa a vida inteira adorando a ídolos ou confiando apenas em si mesmas. Em tempos de maiores tribulações ou sofrimentos, entretanto, ao perceberem que os desastres que enfrentam não podem ser resolvidos com suas próprias mãos nem com as dos seus ídolos, refletem sobre o mundo, ouvem como o caminho de Deus pode resolver seus problemas e acabam voltando para diante Dele.

Ao invés de fixar seus olhos no Deus de poder, as pessoas deste mundo simplesmente pensam duvidando: 'Se eu Lhe implorasse, Ele não me responderia?' ou 'Bom, talvez a minha oração possa resolver essa crise'. Contudo, o Deus Todo Poderoso governa tanto a história da humanidade como a vida, a morte, a bênção e a maldição de cada ser humano, ressuscitando mortos e sondando os corações. Logo, Ele não responde ao indivíduo cujo coração duvida (Tiago 1:6-8).

Se a pessoa quer realmente satisfazer os desejos do seu coração, ela primeiro precisa se despojar do seu coração questionador e faminto por sorte, e crer que ela já recebeu tudo aquilo que pede ao Deus Todo Poderoso em oração. Só então é que Deus pode derramar o Seu amor e permitir que essa pessoa tenha os desejos do seu coração satisfeitos.

Segundo, a Pessoa Deve Examinar a Certeza de Sua Salvação e a Condição de Sua Fé

Hoje, muitos crentes na igreja têm problemas com sua fé.

É muito triste ver um grande número de pessoas vagueando espiritualmente. Existem pessoas que não conseguem ver, devido à sua ignorância espiritual. A sua fé está seguindo pela direção errada; e outras, que não têm certeza de sua salvação, mesmo depois de longos anos de vida e serviço em Cristo.

Romanos 10:10 nos diz: *"Pois com o coração se crê para justiça, e com a boca se confessa para salvação."* Quando você abre a porta do seu coração e aceita Jesus Cristo como seu Salvador, pelo Espírito Santo que é dado por graça do alto, você recebe a autoridade como filho de Deus. Além disso, quando você confessa com os seus lábios que Jesus Cristo é o seu Salvador e crê em seu coração que Deus O ressuscitou dos mortos, você passa a ter certeza da sua salvação.

Se você não sabe direito se você tem a salvação ou não, então temos um problema com a condição de sua fé; pois, se você não tem certeza de que Deus é o seu Pai e que você é filho Dele e tem cidadania no céu, você não consegue viver segundo a vontade Dele.

Por essa razão, Jesus nos diz: *"Nem todo aquele que me diz: 'Senhor, Senhor', entrará no Reino dos céus, mas apenas aquele que faz a vontade de meu Pai que está nos céus"* (Mateus 7:21). Se o filho ou filha de Deus não tem um relacionamento pessoal com o Pai, não é de se espantar que essa pessoa não receba Suas respostas. E ainda que exista algum relacionamento entre a pessoa e Deus, se algo estiver errado (aos olhos do Pai) em seu coração, ela também não consegue ser respondida por Ele.

Portanto, se você for um filho de Deus que tem certeza da

salvação e se arrepende de não ter vivido conforme a Sua vontade, Ele resolverá cada um dos seus problemas, inclusive doenças, falência nos negócios e problemas financeiros; e todas as coisas cooperarão para o seu bem.

Se você procurar a Deus por causa do problema que tem com o seu filho, Ele o ajudará a resolver tudo com a palavra da verdade. Às vezes, os filhos são os culpados; todavia, é mais comum que os pais é que sejam os responsáveis pela dificuldade que têm com seus filhos. Antes de começarem a apontar o dedo, se os próprios pais se converterem de seus caminhos errôneos e se arrependerem, lutarem para criar seus filhos da maneira correta e entregar tudo a Deus, Ele lhes dará sabedoria e trabalhará para o bem de filhos e pais.

Assim sendo, se você vai à igreja buscando respostas para problemas com filhos, doenças, finanças e coisas do tipo, em vez de jejuar, orar ou fazer longas vigílias, você deve primeiro descobrir, através da verdade, o que obstruiu o canal entre você e Deus, arrepender-se e mudar de atitude. Deus então trabalhará para o seu bem, à medida que você receber a direção do Espírito Santo. Se, entretanto, você não tentar ouvir a palavra de Deus e entendê-la, ou viver segundo ela, a sua oração não trará as respostas Dele.

É exatamente por existirem tantos exemplos em que as pessoas não conseguem entender a verdade e receber as respostas e bênçãos de Deus, que todos nós devemos satisfazer os desejos do nosso coração através da certeza da salvação e da vida, conforme vontade do Pai (Deuteronômio 28:1-14).

Terceiro, a Pessoa Deve Agradar a Deus Com Suas Obras

Quando uma pessoa reconhece Deus como o Criador e aceita Jesus Cristo como seu Salvador, quanto mais ela aprende a verdade e é iluminada por ela, mais a sua alma prospera. Além disso, à medida que ela continua descobrindo como é o coração de Deus, ela consegue viver agradando-Lhe cada vez mais. Enquanto crianças de dois ou três anos de idade ainda não sabem como agradar a seus pais, adolescentes e adultos sabem muito bem como fazê-lo. Da mesma forma, quanto mais os filhos de Deus compreendem e vivem segundo a verdade, mais eles podem agradar ao Pai.

A Bíblia cita várias vezes as formas que os patriarcas da fé receberam repostas às suas orações, agradando a Deus. Como Abraão agradou a Deus?

Abraão sempre buscou e viveu em paz e santidade (Gênesis 13:9), serviu a Deus com todo o seu corpo, coração e mente (Gênesis 18:1-10) e Lhe obedeceu completamente, sem deixar que seus próprios pensamentos interferissem (Hebreus 11:19; Gênesis 22:12), pois ele cria que Deus podia ressuscitar os mortos. Como resultado, Abraão recebeu a bênção de Jeová Jiré, ou "O SENHOR proverá", a bênção de filhos, a bênção das finanças, a bênção da boa saúde e bênçãos em todas as outras áreas de sua vida (Gênesis 22:16-18, 24:1).

O que Noé fez para receber as bênçãos de Deus? Ele foi justo, irrepreensível numa geração perversa e andou com Deus (Gênesis 6:9). Quando a sentença da água submergiu toda a terra, só Noé e sua família conseguiram se salvar e receber a salvação. Uma vez que ele andava com Deus, ele pôde ouvir a Sua voz e construir a arca, salvando até a sua família.

Quando a viúva de Sarepta de Sidom em 1 Reis 17:8-16 plantou uma semente de fé em Elias, servo de Deus, durante a seca de três anos e meio de Israel, ela recebeu bênçãos extraordinárias. Ao obedecer a Elias pela fé e servi-lo com um pequeno bolo feito com apenas um punhado de farinha e um pouco de azeite, Deus a abençoou e cumpriu Sua palavra profética dizendo: *"A farinha na vasilha não se acabará e o azeite na botija não se secará, até o dia em que o Senhor fizer chover sobre a terra."*

A mulher de Suném em 2 Reis 4:8-17 recebeu a bênção de dar à luz um filho, porque serviu Eliseu, servo de Deus, com todo cuidado e respeito. E ela o fez, não porque ela queria algo em troca, mas porque ela amava a Deus profundamente, de todo o coração. Logo, é justo que essa mulher tenha sido mesmo abençoada.

É também fácil dizer que Deus deve ter ficado profundamente contente com a fé de Daniel e seus três amigos. Mesmo sendo jogado na cova dos leões por ter orado a Deus, ele caminhou dentro daquele lugar sem nenhum machucado, porque confiou em Deus (Daniel 6:16-23). Os amigos de Daniel foram amarrados e lançados na fornalha ardente por não terem adorado a um ídolo; mas eles saíram dali sem nenhuma parte do corpo queimada e sem nenhum fio de cabelo chamuscado, glorificando a Deus (Daniel 3:19-26).

O centurião de Mateus 8 pôde agradar a Deus com sua grande fé e, conforme a sua fé, ele recebeu as respostas de Deus. Quando ele disse a Jesus que o seu servo estava paralítico e em terrível sofrimento, Jesus se ofereceu para visitar sua casa e curar aquele homem. Contudo, quando o centurião disse a Jesus: *"Dize apenas uma palavra, e o meu servo será curado"* demonstrou sua grande fé, assim como também grande amor por seu servo. Jesus o louvou: *"Não encontrei em Israel ninguém com tamanha fé."* Uma vez que a pessoa recebe as respostas de Deus conforme o tamanho de sua fé, o servo do centurião foi curado naquele exato momento. Aleluia!

E existem mais ocasiões. Em Marcos 5:25-34 vemos a fé de uma mulher que vinha sofrendo com uma hemorragia por 12 anos. Apesar de ter ido a muitos médicos e do dinheiro que havia gastado, suas condições só pioravam. Quando ela ouviu falar sobre Jesus, ela creu que podia ser curada, se apenas tocasse em Suas vestes. Quando ela veio por trás Dele e tocou em Sua capa, foi curada instantaneamente.

Que tipo de coração um centurião chamado Cornélio em Atos 10:1-8 tinha, e de que formas ele, um gentio, serviu a Deus de forma que toda a sua família fosse salva? Podemos observar que Cornélio e toda a sua família eram devotos e tementes a Deus, ele fazia doações generosas aos necessitados e orava regularmente a Deus. Portanto, as orações de Cornélio e sua caridade para com os pobres tinham subido como ofertas para Deus e, quando Pedro visitou sua casa para adorar a Deus, todos da família receberam o Espírito Santo e começaram a falar em línguas.

Em Atos 9:36-42 vemos uma mulher chamada Tabita, (que traduzido é Dorcas) que sempre tinha se dedicado a praticar a caridade e dar esmolas, e havia ficado doente e morrido. Quando Pedro veio, atendendo ao chamado dos discípulos, ajoelhou-se, orou e Tabita voltou a viver.

Quando Seus filhos cumprem seus deveres e Lhe agradam, o Deus vivo realiza os desejos de seus corações e trabalha para o seu bem em todas as coisas. Quando conseguimos verdadeiramente crer nesse fato, passamos a receber as respostas de Deus em toda a nossa vida.

Em consultas e conversas que tenho com as pessoas, ouço falar de pessoas que já tiveram grande fé, serviram bem na igreja e foram fiéis, mas abandonaram a Deus depois de um período de provação ou sofrimento. Sempre que me deparo com esse tipo de notícia, não consigo deixar de ficar muito triste diante da incapacidade das pessoas de terem discernimento espiritual.

Aqueles cuja fé é verdadeira não abandonam a Deus, nem mesmo quando enfrentam uma tribulação. Se têm fé espiritual, eles se regozijam, ficam gratos e oram, mesmo em tempos de provação e sofrimento. Não traem a Deus, não são tentados, nem se desviam do Seu caminho. Às vezes as pessoas podem ser fiéis, com esperança de receber bênçãos ou ser reconhecidas pelos outros. Contudo, a oração de fé e a oração cheia de esperança, por sorte podem ser facilmente discernidas pelos resultados que cada uma produz. Se a pessoa ora com fé espiritual, a sua oração é certamente acompanhada por obras que agradam a Deus, e a pessoa O glorifica imensamente, tendo os desejos do seu coração satisfeitos, um por um.

Tendo a Bíblia como nosso guia, examinemos como os nossos patriarcas da fé demonstraram sua fé em Deus e com que tipo de coração conseguiram agradar-Lhe e satisfazer os desejos dos seus corações. Uma vez que Deus abençoa, como prometido, todos aqueles que Lhe agradam – da mesma forma que Lhe agradaram Tabita, que voltou à vida; a mulher sem filhos de Suném, que foi abençoada com um filho; e a mulher que sofria 12 anos de hemorragia e foi curada – que nós possamos fitar nossos olhos Nele.

Deus nos diz: *"Se podes? Tudo é possível àquele que crê"* (Marcos 9:23). Quando nós crermos que Ele pode dar um fim aos nossos problemas como doenças, filhos e finanças, entregarmos a Ele todos os nossos problemas e confiarmos completamente Nele, Ele certamente cuidará de tudo para nós (Salmo 37:5).

Agradando a Deus, que não mente e cumpre o que fala, que cada um de vocês possa ter os desejos dos seus corações satisfeitos, glorificar a Deus e ter vidas abençoadas. Em nome de Jesus Cristo, eu oro!

O Autor:
Dr. Jaerock Lee

Dr. Jaerock Lee nasceu em Muan, Província Jeolla Sul, República da Coréia do Sul, em 1943. Aos vinte anos, Dr. Lee sofria de várias doenças incuráveis. Por sete anos seguidos esperou a morte sem esperança de recuperação. Um dia, durante a primavera de 1974, foi levado por sua irmã a uma Igreja e, quando se ajoelhou para orar, o Deus vivo imediatamente o curou de todas as enfermidades.

No momento em que Dr. Lee conheceu o Deus vivo através daquela incrível experiência, ele amou a Deus com todo o seu coração e sinceridade e, em 1978, foi chamado para ser servo de Deus. Ele orava tão fervorosamente que podia entender claramente a vontade de Deus e cumpri-la totalmente. Ele obedeceu à Palavra de Deus. Em 1982, fundou a Igreja Manmin Joong-ang, em Seul, Coréia do Sul. Inúmeras obras, incluindo curas milagrosas e maravilhas, tomaram lugar naquela Igreja.

Em 1986, Dr. Lee foi consagrado pastor na Assembléia Anual da Igreja Sungkyul e, quatro anos depois, em 1990, seus sermões foram transmitidos para Austrália, Estados Unidos, Rússia, Filipinas e muitos outros locais ao longo da Companhia de Transmissão do Extremo Oriente, a Estação de Transmissão Asiática e o Sistema de Rádio Cristão de Washington.

Três anos depois, em 1993, a Igreja Central Manmin Joong-ang foi escolhida uma das "Cinqüenta maiores Igrejas do Mundo" pela revista *Christian World* e o Dr. Lee recebeu o Doutorado Honorário em Divindade pela Escola da Fé Cristã, na Flórida, Estados Unidos. Em 1996, tornou-se P.H.D em Ministério pelo Seminário Teológico de Kingsway, em Iowa, nos Estados Unidos.

Desde 1993 Dr. Lee tem liderado a evangelização mundial através de muitas cruzadas internacionais na Tanzânia, Argentina, Los Angeles, Baltimore City, Havaí, Nova Iorque, Uganda, Japão, Paquistão, Quênia, Filipinas, Honduras, Índia, Rússia, Alemanha, Peru, República Democrática do Congo, Israel, e Estônia.

Em 2002, foi chamado de "pastor internacional" pelos maiores jornais cristãos da Coréia, por seu trabalho nessas cruzadas. Em especial, sua

'Cruzada de Nova Iorque 2006' realizada na Madison Square Garden, arena mais famosa do mundo, foi transmitida a 220 nações; e em sua 'Cruzada Unida de Israel 2009' realizada no Centro Internacional de Convenções em Jerusalém, ele proclamou corajosamente que Jesus Cristo é o Messias e o Salvador. Seu sermão é transmitido a 176 nações via satélites incluindo a GCN TV, e ele foi listado como um dos 10 Líderes Cristãos Mais Influentes de 2009 e 2010 pela popular revista russa *In Victory* e pelo *Christian Telegraph* por seu poderoso ministério de transmissão televisiva e de pastoreamento internacional.

Conforme dados de julho de 2014, a Igreja Central Manmin tem uma congregação de mais de 120.000 membros. São 10,000 congregações e 54 congregações domésticas espalhadas pelo país e pelo mundo. Até hoje, mais de 123 missionários já foram enviados a 23 países, incluindo os Estados Unidos, Rússia, Alemanha, Canadá, Japão, China, França, Índia, Quênia e muitos outros.

Até hoje, Dr. Lee já escreveu 93 livros, incluindo os Best Sellers *Experimentando a Vida Eterna antes da Morte; Minha Fé Minha Vida I & II; A Mensagem da Cruz; A Medida da Fé; Céu I & II; Inferno* e *O Poder de Deus*. Suas obras foram traduzidas para mais de 76 línguas.

Suas colunas cristãs estão nos jornais *The Hankook Ilbo, The JoongAng Daily, The Dong-A Ilbo, The Chosun Ilbo, The Munhwa Ilbo, The Seoul Shinmun, The Kyunghyang Shinmun, The Korea Economic Daily, The Korea Herald, The Shisa News,* e *The Christian Press*.

O Dr. Lee é atualmente líder de várias organizações missionárias e associações: diretor na The United Holiness Church of Jesus Christ, o Jornal de Evangelização da Nação, Presidente na Missão Mundial de Manmin, Presidente Vitalício da Assosição Missão Mundial de Avivamento do Cristianismo; Presidente e Fundador da Rede Global Cristã (GCN), Fundador e Membro da Diretoria da Rede Mundial de Médicos Cristãos (WCDN); e Fundador e Membro da Diretoria do Seminário Internacional de Manmin (MIS).

Céu I & II

Um esboço detalhado dos ambientes maravilhosos que os cidadãos do céu desfrutam e a linda descrição dos diferentes níveis dos reinos dos céus.

A Mensagem da Cruz

Uma poderosa mensagem para despertar todas as pessoas que estão dormindo espiritualmente. Nesse livro podemos ver porque Jesus é o único Salvador e encontrar o verdadeiro amor de Deus.

Inferno

Uma mensagem profunda de Deus, que não deseja que nem uma alma sequer vá para as proofundezas do inferno, a toda a humanidade! Você descobrirá coisas nunca antes reveladas sobre a cruel realidade do Ades e do Inferno.

Espírito, Alma e Corpo I & II

Um livro de explanações sobre a origem e forma de Deus, espaços do espírito, dimensões, e a Luz e as trevas, que nos apresenta os segredos para sermos pessoas plenamente espirituais que podem transcender limitações humanas.

A Medida da Fé

Que tipo de lar celestial, coroa e recompensa estão preparados para você no céu? Esse livro fornece, com sabedoria, meios para você medir sua fé e cultivá-la de modo a torná-la melhor e mais madura.

Desperta Israel

Por que Deus tem mantido Seus olhos sobre Israel desde o princípio do mundo até hoje? Que providência Sua tem sido preparada para Israel nos últimos dias, que espera pelo Messias?

Minha Fé Minha Vida I & II

A autobiografia do Dr. Jaerock Lee exala o mais fragrante aroma espiritual para seus leitores através de sua vida extraída do amor de Deus florescido em meio a ondas fortes, um jugo pesado, e profundo desespero.

Sete Igrejas

As profundas mensagens do Senhor despertando os crentes e igrejas de seu sono espiritual, enviadas às sete igrejas de Apocalipse capítulos 2 e 3, que se referem a todas as igrejas do Senhor.

Desejando Verdadeiras Bênçãos

A mensagem de Jesus nas "Bem Aventuranças" nos ajudam a entender que a verdadeira benção não é apenas desfrutarmos de todas as bênçãos neste mundo como a riqueza, a saúde, a fama, e autoridade, mas também possuirmos a Nova Jerusalém.

A Lei de Deus

Se você conhecer o profundo coração de Deus contido nos Dez Mandamentos, achará a forma de se aproximar de Deus, receber respostas Dele, e estar Nele.

O Deus que Cura

Um marco para nos levar à cura fundamental e a uma vida saudável livre de doenças e enfermidades, explicando sobre a causa original de doenças e sobre a cura divina segundo os princípios bíblicos.

O Poder de Deus

Um livro que todo cristão deve ler, servindo com um guia essencial através do qual podemos ter uma fé verdadeira e experimentar o maravilhoso poder de Deus.

www.ingramcontent.com/pod-product-compliance
Lightning Source LLC
Chambersburg PA
CBHW061704120626
46550CB00003B/1085